UNIVERSITÉ DE FRANCE. — ACADÉMIE DE NANCY

Droit romain : **Des Fidéicommis.**

Droit français : **Des Contre-Lettres.**

THÈSE

POUR LE DOCTORAT

PRÉSENTÉE

A LA FACULTÉ DE DROIT DE NANCY

PAR

Louis BAUR

Avocat

NANCY

IMPRIMERIE BERGER-LEVRAULT ET Cie

11, RUE JEAN-LAMOUR, 11

1885

UNIVERSITÉ DE FRANCE. — ACADÉMIE DE NANCY

Droit romain : Des Fidéicommis.
Droit français : Des Contre-Lettres.

THÈSE
POUR LE DOCTORAT

PRÉSENTÉE

À LA FACULTÉ DE DROIT DE NANCY

PAR

Louis BAUR

Avocat

L'acte public sur les matières ci-après sera présenté et soutenu le 30 juin, à 4 heures du soir.

Président, M. R. BLONDEL, *professeur*.

Suffragants :
- BINET.
- GARDEIL.
- GAVET, *agrégé*.

Le candidat répondra en outre aux questions qui lui seront faites sur les autres matières de l'enseignement

NANCY

IMPRIMERIE BERGER-LEVRAULT ET Cⁱᵉ

—

1885

FACULTÉ DE DROIT DE NANCY

MM. Lederlin, ✳, I ꙮ, Doyen, Professeur de Droit romain, autorisé à faire le cours de Pandectes, et chargé du cours de Droit français étudié dans ses origines féodales et coutumières.

Jalabert, ✳, I ꙮ, Doyen honoraire.

Lombard (Ad.), I ꙮ, Professeur de Droit commercial, et chargé du cours de Droit des gens.

Liégeois, I ꙮ, Professeur de Droit administratif, et chargé du cours d'histoire du Droit.

Blondel, I ꙮ, Professeur de Code civil, et chargé du cours de Droit constitutionnel.

Binet, A ꙮ, Professeur de Code civil, et chargé du cours d'Enregistrement.

Lombard (P.), A ꙮ, Professeur de Code civil.

Garnier, A ꙮ, Professeur d'Économie politique.

May, A ꙮ, Professeur de Droit romain.

Gardeil, Professeur de Droit criminel.

Beauchet, Agrégé, chargé du cours de Procédure civile.

Bourcart, Agrégé, chargé du cours de Pandectes, autorisé à faire le cours de Droit romain.

Gavet, Agrégé, chargé du cours d'histoire générale du Droit français public et privé.

Chrétien, Agrégé, chargé du cours de Droit international privé.

Lachasse, I ꙮ, Docteur en Droit, Secrétaire.

DES FIDÉICOMMIS

DES FIDÉICOMMIS

Iʳᵉ PARTIE

INTRODUCTION

Pour définir le fidéicommis d'une façon exacte et précise, il faudrait nécessairement se placer tour à tour aux différentes époques où il a existé et le suivre dans les diverses phases de son développement. Il a subi en effet des modifications profondes avec le temps et ne ressemble plus guère sous Justinien au fidéicommis de l'époque classique. Néanmoins nous croyons pouvoir en donner dès l'abord une définition toute générale, sauf à la préciser dans le cours de notre étude.

Le fidéicommis, dirons-nous, est une disposition de dernière volonté par laquelle une personne en charge une autre de faire parvenir à une troisième un bénéfice dont elle veut gratifier cette dernière.

Le fidéicommis exige donc la présence de trois personnes, qui sont :

1) Le disposant, c'est-à-dire celui qui fait la libéralité ;

2) Le grevé ou fiduciaire, c'est-à-dire celui qui est chargé d'accomplir les désirs du défunt ;

3) Le fidéicommissaire, c'est-à-dire celui qui doit recueillir le profit de la disposition.

Mais avant d'étudier en détail les fidéicommis, il ne sera peut-être pas sans quelque intérêt de mettre en lumière l'époque à laquelle ils ont pris naissance, les causes qui en ont motivé l'emploi et les caractères qu'ils possédèrent au début.

1) *Époque à laquelle ils ont pris naissance.* — Il serait évidemment difficile de déterminer de nos jours d'une façon nette et précise l'époque exacte où l'emploi des fidéicommis fut connu à Rome. Tout ce que nous savons d'une façon certaine, c'est que du temps de Cicéron, ils existaient et avaient même déjà pris un certain développement. Le témoignage de ce grand homme nous en est une preuve irrécusable. Il dit en effet qu'à son époque les fidéicommis recevaient l'assentiment général, lorsqu'ils n'étaient pas contraires aux lois ; que, même lorsqu'ils n'étaient pas conformes au texte de ces dernières, on admettait dans les conseils d'amis alors fréquents à Rome leur exécution comme juste et équitable ; qu'enfin les préteurs jetaient le blâme sur ceux qui venaient se prévaloir des règles du droit strict pour se soustraire aux volontés que les mourants leur avaient transmises par voie de fidéicommis. (Cicéron : *In Verrem,* II, 1, 47 ; *De finibus bonorum et malorum,* II, 17 et 18.) Il est donc constant que, vers la fin de la République romaine, les fidéicommis étaient d'un usage fréquent et répété à Rome.

2) *Causes qui ont motivé l'emploi des fidéicommis.* — On range d'ordinaire ces causes sous deux chefs principaux, qui sont :

a) Les obstacles apportés par la loi à la faculté de disposer à cause de mort, en ce qui concerne les formes requises ;

b) Les restrictions apportées par la loi quant au fond relativement à la même faculté.

a) *Obstacles quant à la forme.* — Le grand défaut du droit romain en matière de testaments et de legs, comme du reste en bien d'autres matières, consistait, tout au moins au début, à trop subordonner le fond à la forme et à enchaîner trop étroitement la volonté du testateur à ses paroles. En vain les désirs du disposant éclataient-ils au grand jour, en vain aurait-on essayé d'en démontrer le sens et la portée, tout cela ne suffisait pas. La loi ne s'occupait que des termes employés, leur attribuant systématiquement un sens rigoureux et précis et exigeant d'eux un agencement en tous points conforme à ses prescriptions. L'intention n'était rien pour elle et la forme était tout. C'est ainsi qu'on exigeait pour le testament et le legs des formules impératives, sacramentelles, législativement déterminées (Gaius, II, 117. — Ulpien, *R.*, XXI); que, notamment pour les legs, ces formules correspondaient à quatre catégories, ayant chacune ses effets et sa portée spéciale; que l'institution d'héritier devait être placée en tête du testament sous peine de nullité des dispositions antérieures; qu'enfin la présence de sept citoyens romains, pubères et investis du plein exercice de leurs droits était indispensable, malgré la difficulté que pouvait présenter dans certains cas spéciaux la réunion d'un nombre aussi considérable de pareils témoins. (Gaius, II, 229 et suiv. — Ulpien, *R.*, XXIV, 2.)

b) *Restrictions quant au fond.* — Mais ce formalisme rigoureux, dont nous venons de parler, n'était pas un des plus grands inconvénients du système romain en matière de dispositions à cause de mort et ce n'est pas lui qui principalement a donné lieu à l'emploi des fidéicommis. Il y avait des motifs plus importants qui militaient en leur faveur, et ces motifs nous croyons les trouver dans les considérations suivantes.

Tout d'abord, il était indispensable pour faire un legs, quelque minime qu'il fût, d'instituer un héritier et de disposer par suite de toute sa fortune pour faire une libéralité soit à titre universel, soit à titre particulier. C'était là évidemment un inconvénient grave et sérieux, surtout si l'on tient compte de ce fait que la validité du legs était intimement liée à la validité et à l'existence de l'institution d'héritier elle-même, qu'il suffisait que l'héritier ne pût ou ne voulût faire adition, pour que le legs tombât et que les successeurs *ab intestat* ne fussent nullement tenus de l'acquitter, ces derniers ne pouvant être grevés d'un legs quelconque.

D'autre part, il ne faut pas oublier qu'en matière d'institution d'héritier, les modalités résolutoires du *dies ad quem* ou de la condition *ad quam*[1], et la modalité suspensive du *dies certus à quo*[2], étaient considérées comme nulles et non avenues et ne pouvaient donner à l'institution d'autre caractère que celui d'une institution pure et simple. Que dans les legs, les modalités résolutoires dont nous venons de parler entraînaient leur nullité, ainsi que les modalités suspensives *post mortem* ou *pridie quam heres* ou *quam legatarius moriatur*[3]. Or, le testateur pouvait avoir un légitime intérêt à soumettre à de pareilles modalités ses dispositions à cause de mort, et cet intérêt se trouvait évidemment sacrifié, soit que l'on modifiât, soit que l'on annulât ses volontés.

Enfin, nous trouvons un dernier motif à l'emploi des fidéicommis dans les nombreuses incapacités de recevoir édictées par les lois romaines. Bien grand était le nombre des personnes auxquelles on refusait la *factio testamenti* passive. Outre les

1. Cela tient à la règle : « *Semel heres, semper heres.* »

2. Cela tient à la règle : « *Nemo partim testatus, partim intestatus decedere potest.* »

3. La raison en est que la propriété ne pouvait être transférée *ad tempus*.

pérégrins qui n'avaient pas obtenu le *jus commercii,* les affranchis déditices, les proscrits, on pouvait adjoindre encore à cette liste les personnes morales et les posthumes externes, les Latins Juniens [1] et les femmes [2]. De pareilles restrictions étaient évidemment trop rigoureuses pour ne pas amener une réaction et ne pas encourager les testateurs à tourner les lois pour échapper à leurs prohibitions. Cette réaction a dû encore s'accentuer davantage, lorsque les lois caducaires vinrent établir les règles du *jus capiendi* et les incapacités qui en dérivent. (Loi Julia, an de Rome 736; Loi Papia Poppea, an de Rome 757 ou 762.)

3) *Caractères des fidéicommis au début de leur histoire.* — A l'époque dont nous parlons, c'est-à-dire antérieurement à la reconnaissance légale des fidéicommis, les particuliers pouvaient user de ces derniers et chercher ainsi à s'exonérer du fardeau des prescriptions légales, lorsque celui-ci leur paraissait trop lourd et trop pesant. Mais remarquons bien, qu'en agissant de la sorte, ils étaient réduits à leurs uniques forces et ne pouvaient évidemment espérer en aucune façon l'appui et la protection de la loi. Sans doute, il leur était loisible d'inscrire leurs dernières volontés sur des *codicilli,* d'en faire part de vive voix à leurs héritiers testamentaires ou *ab intestat,* de faire même prêter à ces derniers le serment de se conformer à leurs secrets désirs; mais en fin de compte ni ces volontés ainsi exprimées, ni ce serment prêté n'avaient

1. La loi Junia Norbana (an 671 de Rome) permettait aux Latins Juniens de recueillir le bénéfice d'une institution d'héritier ou d'un legs, mais seulement à condition que, du vivant du testateur ou dans les cent jours de son décès, ils fussent devenus citoyens romains.

2. La loi Voconia, rendue en l'an de Rome 585 ou 586, sur la demande du vieux Caton, défendait à ceux qui avaient une fortune de plus de cent mille as d'instituer des femmes leurs héritières et, d'autre part, prohibait de faire aux femmes des legs d'une valeur supérieure au bénéfice que recueillaient les héritiers du testateur.

de force légale. Le disposant ne possédait d'autre garantie pour l'exécution des engagements pris envers lui que la bonne foi de ceux à qui il s'était adressé ; les fiduciaires étaient entièrement libres de manquer à leurs promesses et ne pouvaient être contraints par personne, pas même par le fidéicommissaire, à les exécuter.

Le fidéicommis était donc à cette époque l'exposé fidèle et exact, mais fait en dehors des règles légalement prescrites, des dernières volontés d'un individu, lequel donnait mission à ses successeurs universels et particuliers de les accomplir scrupuleusement et en vertu d'un pur devoir de conscience.

Il en résulte qu'à cette époque, le fidéicommis ne possède en rien le caractère d'institution juridique et n'obtient en aucune façon la sanction légale.

Mais un pareil état de choses ne pouvait durer. Lorsqu'un courant d'opinion nettement caractérisé se forme dans un pays et qu'une innovation devient populaire, le moment n'est plus loin où le législateur arrive à les consacrer. C'est là le phénomène que nous pouvons constater au sujet des fidéicommis. Après avoir reçu de l'initiative privée l'existence de fait, ils obtinrent peu à peu l'existence juridique et furent légalement reconnus. C'est sous ce nouvel aspect que nous les étudierons dorénavant.

IIᵉ PARTIE

Des fidéicommis en tant qu'institution
juridique légalement reconnue.

Nous avons vu plus haut que l'opinion générale, à la fin de la République et au commencement de l'Empire, se prononçait nettement en faveur des fidéicommis ; nous avons vu aussi quelles étaient les raisons graves et sérieuses qui en justifiaient l'emploi ; mais il nous reste encore à savoir quelle fut l'autorité publique qui les prit sous sa protection et en fit une institution juridique. A cette époque évidemment, l'autorité impériale seule pouvait avoir assez d'influence et de puissance pour opérer une pareille réforme.

C'est l'empereur Auguste qui en prit l'initiative. Tout le monde connaît l'histoire de Lucius Lentulus qui, mort en Afrique, avait consigné ses dernières volontés dans des codicilles, en priant l'empereur de les exécuter, malgré qu'ils n'eussent aucune valeur légale. Auguste se rendit aux désirs du défunt et, ayant réuni les jurisconsultes éminents de son époque, prit leur avis sur l'admissibilité des codicilles et des fidéicommis dans la législation romaine. Trébatius, jurisconsulte qui jouissait d'un grand crédit auprès de l'empereur, s'en montra partisan absolu et en développa toute la nécessité et tous les avantages. Éclairé par ses conseillers, Auguste se décida alors à donner une valeur légale tant aux codicilles qu'aux fidéicommis et à transformer en un lien de droit ce qui, auparavant, ne constituait qu'un lien de conscience. (Inst., L. II, t. XXIII, § 1. — L. II, t. XXV, pr.)

Mais cette innovation ne se fit pas d'un seul coup et en vertu d'une mesure générale. Il est fort probable, au contraire, que dans les premiers temps, l'empereur ne procéda que par voie d'intervention spéciale, dans tel ou tel cas favorable, et en ordonnant aux consuls d'interposer leur autorité. Ceci devait surtout se présenter lorsque des personnes influentes s'adressaient à lui, ou bien lorsque les grevés avaient promis par serment d'exécuter les fidéicommis, en employant les formules d'adulation suivantes : « *Per genium* ou *per salutem principis.* »

Dans la suite, un préteur spécial, appelé préteur fidéicommissaire, fut institué et chargé spécialement de faire respecter les fidéicommis. C'est à partir de ce moment que l'on peut dire véritablement que ces derniers ont pris le caractère d'institution légalement reconnue et sanctionnée[1].

Mais si, par suite de cette innovation, les fidéicommis gagnèrent la faveur et la protection de la loi, d'autre part, ils durent subir sa réglementation et ses entraves. Il n'y a là, du reste, rien que de naturel. Protection et liberté sont deux mots qui de tout temps ont juré ensemble. Nous ajoutons qu'il n'y avait là rien que de juste.

Il ne faut pas oublier, en effet, que les fidéicommis avaient souvent pour but d'éluder des prescriptions et des prohibitions légales, qu'ils constituaient dès lors souvent un fait illicite. Dans ces conditions, l'on comprend dans une certaine mesure que la loi ne soit pas intervenue, pour en réprimer l'emploi, tant qu'ils ne constituèrent que de simples arrangements entre particuliers et se passèrent tout à fait en dehors de sa présence et sans son intervention. Mais la même chose ne se comprendrait plus à partir du moment où les fidéicom-

---

1. L'empereur Claude créa deux préteurs fidéicommissaires, mais l'empereur Titus supprima l'un d'entre eux (L. 2, § 32 ; D., L. I, t. 2). Dans les provinces, le *præses provinciæ* remplaçait le préteur, dont la juridiction ne s'étendait qu'à Rome.

mis furent reconnus par la loi et reçurent sa protection et
sa sanction. Dès ce moment, cette dernière eut évidemment
le droit et le devoir de les réglementer. Sans doute la loi,
dans les premiers temps, se montra moins rigide à l'égard
de cette institution tout nouvellement créée qu'à l'égard des
autres institutions déjà existantes ; sans doute encore elle lui
accorda pendant fort longtemps une certaine supériorité sur
ces dernières, supériorité plus ou moins marquée, suivant les
époques ; mais en définitive, cela ne tenait, d'une part, qu'à
la faveur toute spéciale dont elle voulait l'entourer au début,
afin d'en faciliter le développement, et, d'autre part, à des
causes multiples, telles que l'origine même des fidéicommis,
la liberté dont ils jouirent d'abord, le discrédit dans lequel
certaines prohibitions anciennes étaient tombées, et enfin les
idées plus étendues et plus larges qui se faisaient jour dans
la société romaine. Cela n'empêchait nullement que les fidéicommis ne fussent soumis en principe aux règles édictées
par la loi et qu'ils ne dussent l'être.

Ce sont ces règles qui ont régi les fidéicommis que nous
allons étudier dans les différents chapitres suivants :

1) Dans quels termes et dans quels actes peuvent se faire
les fidéicommis ?

2) Qui peut en faire ?

3) Qui peut en être grevé ?

4) Qui peut en profiter ?

5) Des choses qui peuvent faire l'objet d'un fidéicommis.

6) Des diverses espèces de fidéicommis.

7) De l'époque de l'ouverture des fidéicommis.

8) Des effets de cette ouverture.

9) Des actions que possède le fidéicommissaire pour obtenir la restitution du fidéicommis.

10) De l'extinction des fidéicommis.

CHAPITRE Ier

Dans quels termes et dans quels actes peuvent se faire les fidéicommis?

I. Dans quels termes peuvent se faire les fidéicommis? Le fidéicommis, à raison même de son origine, se faisait ordinairement sous forme précative. Ce n'était ni un ordre, ni même une volonté qu'exprimait le disposant, mais un simple désir, une prière. Néanmoins, il ne faudrait pas croire que l'emploi de cette forme fût indispensable. Il est certain, au contraire, que sur ce point la liberté la plus complète a constamment régné. Le jurisconsulte Paul (*Sent.*, L. IV, t. I, § 6) nous indique un grand nombre des expressions usuelles, en disant : « *Fideicommittere his verbis possumus : Rogo, peto,* « *volo, mando, deprecor, cupio, injungo ; desidero quoque et* « *impero verba utile faciunt fideicommissum.* » Néanmoins, la suite de ce texte semblerait indiquer que des doutes s'étaient élevés au sujet de l'admissibilité de certains termes, tels que *relinquo* et *commendo*. Mais il n'y a là qu'une simple apparence. Au sujet de la première de ces expressions, le jurisconsulte Scævola en admet la parfaite validité, par la façon même dont il pose le principe général en cette matière : « *Fideicommissa quocunque sermone relinqui possunt.* » (L. 11 pr., D., *De leg.* 3°, L. XXXII.) Quant à la seconde, si l'on a été amené à la considérer comme non valable, c'est plutôt à cause de son insuffisance que pour tout autre motif. L'expression « *commendare aliquem*, recommander quelqu'un », n'est pas évidemment une expression assez nette ni assez explicite, pour qu'on puisse y voir la preuve d'un fidéicommis obligeant l'héritier à restituer l'hérédité à celui qu'on lui recommande.

Le fidéicommis peut être fait par écrit, verbalement et même par simple geste (L. 21 pr., D., *De leg.* 3°, L. XXXII); il admet l'emploi d'une langue quelconque, qu'elle soit latine ou bien étrangère (Ulpien, *R.*, t. XXV, §9; L. 11 pr., D., *De leg.* 3°, L. XXXII); il peut même être tacite et résulter indirectement des déclarations du testateur, lorsque celles-ci, sans être formelles, indiquent d'une façon suffisamment précise ses volontés à cet égard.

Citons deux textes à titre d'exemples :

L. 87, § 2, D., *De leg.* 2°, L. XXXI : « *Fidei autem vestræ,* « *Vere et Sapide, committo, ne eum fundum vendatis : eum-* « *que qui ex vobis ultimus decesserit cum morietur, restituat* « *Symphoro liberto meo et successori, et Beryllo et Sapido,* « *quos infra manumisi, quive ex his tunc supervivent.* » Dans cette disposition testamentaire, le jurisconsulte Paul voit avec raison un double fidéicommis, l'un formel et l'autre tacite. Quant au premier, son existence ne peut pas faire l'ombre d'un doute; il est en faveur des affranchis nommés à la fin de la disposition. Quant au second, il résulte d'une part de la défense d'aliéner imposée aux deux héritiers et, d'autre part, de la restitution totale dont on charge le dernier survivant d'entre eux; ce double indice permet en effet de supposer que la testatrice Seia avait la volonté que le survivant des deux héritiers recueillît lui-même à titre de fidéicommis la part revenue à son cohéritier. On pourrait du reste poser en règle générale que la défense d'aliéner indique fort souvent l'existence d'un fidéicommis, et qu'elle l'indique même d'une façon certaine, lorsqu'il apparaît que cette défense n'a été faite qu'en vue et en faveur d'une tierce personne. C'est ce fait que l'on remarque notamment dans ce que l'on nomme les fidéicommis de famille.

L. 69 pr., D., *De leg.* 2°, L. XXXI : « *Peto, Luci Titi, ut con-*

« *tentus sis centum aureis.* » Ici encore on avait interprété la clause du testament en ce sens qu'il y avait fidéicommis tacite, pour tout ce qui excédait les *centum aurei.*

Du reste, on peut poser en règle générale que, pour qu'il y ait fidéicommis, il suffit que des paroles du disposant on puisse induire d'une façon suffisamment certaine son intention de l'établir.

Ceci se comprend aisément, si l'on tient compte de ce fait, à savoir que : le préteur, chargé d'apprécier la portée des termes employés et de découvrir les véritables intentions du testateur, pouvait les interpréter souverainement. « *Voluntatis defuncti quæstio in æstimatione judicis est.* » (C. 7 ; C. L. VI, t. XLII.)

II. Dans quels actes peuvent se faire les fidéicommis?

Les fidéicommis peuvent se faire valablement dans les testaments, et les codicilles soit confirmés, soit non confirmés par testament.

S'ils sont faits par testament, il importe peu qu'ils se trouvent avant ou après l'institution d'héritier et en cela ils diffèrent des legs. « *Codicillos.... nullam solemnitatem ordi-* « *nationis desiderant.* » (Inst., L. II, t. XXV, *De Cod.*, § 3 *in fine.*) Mais ils s'en rapprochent en ce que leur validité dépend de celle du testament lui-même. Remarquons, du reste, que la clause codicillaire permettait aux dispositions, même d'un testament nul pour manque d'une condition de forme, de valoir comme fidéicommis. Cette clause consistait dans la volonté exprimée par le testateur que ses dispositions à cause de mort fussent exécutées à tout prix et à quelque titre que ce pût être. Elle se formulait, par exemple, dans ces termes: « *Hoc testamentum volo esse ratum quâcumque ratione pote-* « *rit.* » (L. 29; D. L. XXVIII, t. I.)

Si les fidéicommis sont insérés dans des codicilles, ces

derniers peuvent être faits soit avant, soit après le testament,
et même sans qu'il y ait confection d'aucun testament. Pour
le cas où ils auraient précédé le testament, ce dernier ne les
révoque pas de plein droit; il se pose uniquement à ce sujet une question d'interprétation de la volonté du testateur.
(Inst., L. II, t. XXV, § 1.) Les codicilles pouvaient du reste être
confirmés ou non confirmés, mais, dans le cas où ils l'étaient,
on les considérait comme faisant partie du testament[1].

Les fidéicommis pouvaient encore se rencontrer dans les
donations à cause de mort et dans les donations entre vifs;
mais dans le second cas, il fallait qu'ils portassent sur les objets donnés et qu'ils fussent imposés dès la réalisation de la
donation. C'est ce que nous disent deux constitutions, l'une
à l'égard des donations à cause de mort et rendue par l'empereur Alexandre en l'année 224, l'autre à l'égard des donations entre vifs et rendue par les empereurs Dioclétien et
Maximien en l'année 290 de notre ère. (C. 1; C. L. VIII,
t. LVII. — C. 3; C. L. VIII, t. LV.) La différence que nous venons de signaler entre ces deux sortes de donations, tient au
caractère de révocabilité qui affecte d'ordinaire les donations
à cause de mort et au caractère d'irrévocabilité qui s'attache
aux donations entre vifs. Remarquons toutefois qu'un fidéicommis pouvait être fait même postérieurement aux donations entre vifs, lorsque le donateur s'en était réservé la pos-

---

1. Au début, une liberté complète existait pour les codicilles au point de
vue de la forme. Plus tard Théodose, en l'an 424, exigea que, comme tout
autre acte de dernière volonté, ils fussent faits en présence de cinq témoins;
le testament seul était excepté de cette mesure générale. (C. 8, § 3; C. L. VI,
t. XXXVI.) Justinien, tout en obligeant encore les témoins à apposer leur
signature, lorsque le codicille était rédigé par écrit, n'exigea pas cette formalité ainsi que la présence du nombre de témoins requis au point de vue de
la validité des dispositions renfermées dans le codicille. (Inst., L. II, t. XXIII,
§ 12.)

sibilité par une stipulation spéciale; l'héritier était alors lié par sa promesse. (L. 37, § 3, D., *De leg.* 3°, L. XXXII.)

Disons enfin que le fidéicommis verbal se faisait nécessairement en dehors de tout acte et était parfaitement valable. Tout se résolvait en une difficulté de preuve. Le serment que l'on pouvait faire prêter au grevé était à ce point de vue une ressource précieuse. (Inst., L. II, t. XXIII, § 12.) Préalablement on exigeait de celui qui se prétendait fidéicommissaire de jurer qu'il agissait de bonne foi. « *Jurare de ca-* « *lumniâ.* »

CHAPITRE II

Qui peut faire un fidéicommis?

Au sujet des personnes qui peuvent faire un fidéicommis, il n'existe aucune dérogation aux règles générales qui régissent les dispositions à cause de mort. Il fallait nécessairement, et cela sans distinguer s'il existait ou non un testament, que le disposant eût la *factio testamenti* active. (Ulpien, *R.,* t. XXV, § 4.)

Mais à quelle époque fallait-il que cette capacité existât? Il faut distinguer suivant les cas : 1º si le fidéicommis a été fait par testament, la capacité est exigée non seulement à l'époque de sa rédaction, mais encore à la mort du testateur; 2º s'il est fait par codicille confirmé, il faut sous-distinguer suivant que le codicille est antérieur ou postérieur au testament : dans le premier cas, il faudra que la capacité existe non seulement aux deux époques précitées, mais encore lors de la confection du codicille (L. 6, §§ 3 et 7; D. L. XXIX, t. VII); dans le second cas, il suffira au contraire qu'elle existe lors de la confection du testament et de la mort du disposant (L. 12, § 5; D. L. XLIX, t. XV, et L. 8, § 3; D. L. XXIX, t. VII); 3º si enfin le fidéicommis a été fait verbalement, soit dans un codicille *ab intestat* ou non confirmé par testament, il suffira que la capacité existe lors de la mort du disposant; cette décision toute de faveur se justifie de la façon suivante : on considérait le fidéicommis comme pouvant être formé par un signe quelconque et dès lors on trouvait ce signe comme suffisamment établi par cela seul que le défunt avait persévéré jusqu'à sa mort à maintenir ses volontés. (L. 1, §§ 1 et 5; D., *De leg.* 3º, L. XXXII).

CHAPITRE III

Qui peut être grevé d'un fidéicommis?

I. Tout individu gratifié soit expressément, soit tacitement, peut être grevé d'un fidéicommis. Peuvent donc l'être à ce titre l'héritier testamentaire, le donataire, le légataire, le fidéicommissaire et enfin l'héritier *ab intestat*[1]. Peuvent encore l'être certains gratifiés en sous-ordre, tels que l'héritier du légataire ou de l'héritier, ainsi que le maître ou le *pater-familias* d'un fils de famille ou d'un esclave que l'on gratifie. (LL. 1, § 6; 1, § 7, et 5, § 1; D., *De leg.*, 3°, L. XXXII. — Ulp., *R.*, t. XXV, § 10.)

Mais encore fallait-il que l'on fût gratifié, et de cette règle, il résulte que l'on ne pouvait grever d'un fidéicommis :

1) Un débiteur auquel on ne laissait que le montant de sa créance. (L. 3, § 2; D., *De leg.* 3°, L. XXXII.) Si on lui léguait plus que ce montant, les circonstances de fait de la cause pouvaient amener à faire voir dans cette disposition un fidéicommis de remise de dette au profit du débiteur et à la charge de l'héritier. (L. 77, D., *De leg.* 1°, L. XXX.)

2) Un patron auquel on ne laissait que la *debita pars*, c'est-à-dire la part qui lui est légalement due. (L. 20 pr., D., L. XXXIX, t. V. — L. 114, § 1; D., *De leg.* 1°, L. XXX.)

3) Un légitimaire auquel on ne laissait que sa légitime. (C. 32; C. L. III, t. XXVIII.) Néanmoins, il y avait à cette

---

1. Il est possible qu'au début l'on ne pût imposer des fidéicommis qu'aux héritiers testamentaires ; la preuve en est dans ce fait que Julien se demande encore sous Adrien si le sénatus-consulte Pégasien s'applique aux héritiers *ab intestat*. Cette question n'aurait pas pu se poser, croyons-nous, si les fidéicommis *ab intestat* eussent été admis de suite et au même titre que les fidéicommis testamentaires. (L. 6, § 1 ; D. L. XXXVI, t. I.)

règle deux exceptions : la première existait lorsque le disposant avait à l'égard du légitimaire une juste cause d'exhéré-
dation; la seconde pouvait exister lorsque le testateur avait
fait un don ou un legs au légitimaire et que ce dernier les
avait acceptés; on considérait alors ce dernier comme ayant
consenti, par suite de son acceptation, à exécuter le fidéicommis (C. 35; C. L. III, t. XXVIII).

4) Un héritier qui a fait tomber le testament du disposant
à l'aide de la *bonorum possessio contra tabulas,* ou de la
querela inofficiosi testamenti (L. 2; D., *De leg.* 3°, L. XXXII;
L. 8, § 16; D. L. V, t. II). Remarquons néanmoins que, dans
le cas de *bonorum possessio contra tabulas,* les legs et fidéicommis en faveur des proches parents du défunt étaient
maintenus (L. 1 pr., D. L. XXXVII, t. V); que, d'autre part,
depuis Justinien, la *querela inofficiosi testamenti,* tout en
écartant l'héritier testamentaire, laissait subsister à l'égard
de l'héritier légitime les dispositions du testament (Novelle
CXV, ch. IV, § 8).

Mais, en dehors de ces quelques exceptions, tout gratifié pouvait être grevé d'un fidéicommis, même le fisc, lorsque le testateur pouvait penser que ses biens resteraient
vacants et reviendraient à ce dernier (L. 114, § 2; D., *De
leg.* 1°, L. XXX).

II. Un fiduciaire quelconque ne peut être forcé de donner
plus qu'il n'a reçu, même s'il a accepté la disposition faite
en sa faveur (L. 70 pr., D., *De leg.* 2°, L. XXXI. — Inst.,
L. II, t. XXIV, § 1). La règle s'applique tout naturelle-
ment lorsque l'objet dont le fiduciaire est gratifié et l'objet
du fidéicommis sont de même nature. Mais que décider
lorsque le fiduciaire reçoit un objet quelconque et doit
rendre une somme d'argent? Dans ce cas, le fiduciaire sera
obligé de rendre cette somme quelle qu'elle soit, parce que

l'on suppose qu'il a apprécié auparavant la valeur de l'objet et consenti. par son acceptation, à exécuter le fidéicommis (L. 70, § 1 ; D., *De leg.* 2°, L. XXXI). Admettons maintenant que la chose léguée soit une somme d'argent et l'objet du fidéicommis une chose appartenant à autrui ; que, de plus, le tiers demande un prix supérieur à la somme léguée ; dans ce cas, le grevé ne sera pas obligé de faire l'achat.

III. Un quatrième fidéicommissaire n'est plus obligé de restituer, du temps de Justinien (Nov. CLIX, ch. II).

IV. En principe, le grevé devait être capable de recevoir le bénéfice de la disposition faite en sa faveur ; autrement en effet, il n'eût pas été gratifié et, par suite, la condition indispensable pour l'existence de tout fidéicommis eût manquée. Néanmoins, sur ce point comme sur bien d'autres, on se montra très large et l'on admit certaines exceptions. C'est ainsi que l'on pouvait grever d'un fidéicommis une personne non encore née, pourvu qu'elle naquît en temps utile pour succéder (L. 77, § 3 ; D., *De leg.* 2°, L. XXXI), un sourd-muet, un impubère, une corporation (L. 1, § 15 ; D., *Ad senatusc. Treb.*, L. XXXVI, t. I), un esclave. Dans ces trois derniers cas, c'étaient en réalité les père, tuteur, administrateur ou maître, qui étaient obligés de restituer. Mais alors pouvait se présenter une difficulté. Supposons que le grevé soit un esclave ou un fils de famille et que ces derniers soient affranchis ou émancipés avant l'adition. Dans ce cas, le *paterfamilias* ou le maître n'étaient pas tenus de restituer le bénéfice de la disposition, puisqu'ils ne le recueillaient pas ; le fils et l'esclave, d'autre part, pouvaient alléguer qu'ils ne devaient rien, puisqu'ils n'avaient pas été chargés de restituer ; on donnait néanmoins contre ces derniers des actions utiles (L. 4 ; D., *De leg.* 3°, L. XXXII ; — L. 62 ; D., *De leg.* 2°, L. XXXI).

Supposons maintenant que le maître ait vendu l'esclave, au lieu de l'affranchir, et cela toujours avant l'adition. Dans ce dernier cas, le maître restait tenu du fidéicommis, car on supposait que dans la fixation du prix on avait tenu compte du bénéfice du fidéicommis, qui reviendrait à l'acheteur.

———

CHAPITRE IV

En faveur de qui peut-on établir des fidéicommis ?

Dans les premiers temps qui suivirent la reconnaissance du fidéicommis comme institution juridique, nulle entrave n'était apportée à la liberté du disposant au point de vue des personnes qu'il voulait gratifier. Toute personne pouvait être instituée fidéicommissaire et recueillir le bénéfice des fidéicommis. C'est ainsi qu'il était permis de gratifier, par cette voie indirecte, les pérégrins, les personnes incertaines, les posthumes externes (Gaius, C. II, §§ 285 et 286); de même les femmes, les Latins Juniens, les esclaves mineurs de trente ans, lorsqu'on leur laissait la liberté et un fidéicommis pour le jour où ils atteindraient leur trentième année (Gaius, C. II, §§ 274 à 276). Les lois caducaires elles-mêmes ne s'appliquèrent pas dès le début aux dispositions fidéicommissaires (Gaius, C. II, § 286). En effet, soit que l'on n'ait pas voulu dès l'abord mettre des restrictions à une institution si populaire, soit qu'on en ait voulu encourager l'emploi, on ne leur appliqua pas de suite les déchéances sévères et rigoureuses de ces lois toutes récentes à cette époque. Néanmoins, il ne faudrait pas exagérer la portée de ce que nous venons de dire [1]. Nous n'entendons nullement affirmer que les *cælibes* et les *orbi* aient eu la possibilité d'exercer une action contre le grevé de fidéicommis et de forcer ce

---

1. Les lois caducaires ne s'appliquèrent au fidéicommis qu'à partir du S.-C. Pégasien (année 70 ou 80 de notre ère). Ajoutons qu'en cas de fidéicommis tacite en faveur de *cælibes* et d'*orbi* et si l'héritier s'était prêté à la fraude à la loi, le bénéfice du fidéicommis revenait au fisc.

dernier à les exécuter. Nous ne comprendrions guère ce spectacle étrange d'un magistrat qui viendrait accorder une dispense des lois caducaires en vertu de sa propre et seule autorité. Tout ce que nous entendons affirmer, c'est que la loi laissait faire et s'abstenait d'intervenir ; qu'elle n'allait pas jusqu'à rechercher et dévoiler les fidéicommis contraires aux lois caducaires pour les annuler. Elle se bornait à un rôle passif, de telle sorte que le grevé et le fidéicommissaire se retrouvaient dans la même situation que dans les temps tout à fait primitifs ; le fidéicommissaire, en somme, était à nouveau à la discrétion du grevé et n'avait d'autre garantie que sa loyauté et sa délicatesse.

Mais cette situation toute privilégiée que le fidéicommis posséda dans les débuts ne put durer longtemps. Dès le règne d'Adrien (117 à 138), les fidéicommis en faveur de pérégrins furent frappés de nullité et l'émolument en fut attribué au fisc (Gaius, C. II, § 286). Déjà auparavant et en vertu du sénatus-consulte Pégasien (823 ou 833 de Rome), les règles des lois caducaires s'appliquèrent aux fidéicommis. On en vint ainsi peu à peu à restreindre la liberté primitive et cela à tel point qu'Ulpien a pu dire : « *Fideicommissa dari possunt his* « *quibus legari potest.* » (Ulp., *R.,* t. XXV, § 6.)

La règle était donc à cette époque qu'il fallait, pour être fidéicommissaire, avoir la *testamenti factio* passive et le *jus capiendi*.

Cette règle générale a besoin toutefois de quelques tempéraments et reçoit les exceptions suivantes :

1) Les affranchis latins juniens, qui ne peuvent recueillir une hérédité ou un legs, peuvent recueillir sans conditions un fidéicommis (Gaius, C. II, § 275. — Ulp., *R.,* t. XXV, § 7) ;

2) Les femmes peuvent recevoir par fidéicommis soit une hérédité tout entière, soit une quote-part quelconque d'une valeur supérieure à la quotité fixée par la loi Voconia (Gaius, C. II, § 274);

3) Un esclave mineur de trente ans peut recevoir par fidéicommis l'hérédité et la liberté pour l'époque où il aura trente ans;

4) On peut donner la liberté même à l'esclave d'autrui par fidéicommis (Gaius, C. II, § 272. — Inst., L. II, t. XXIV, § 2); on peut aussi lui donner la liberté et l'hérédité par le même moyen;

5) On peut faire un fidéicommis en faveur de l'héritier institué, tandis qu'on ne peut pas lui faire un legs.

Voyons maintenant à quelles époques la *testamenti factio* passive et le *jus capiendi* doivent exister chez le fidéicommissaire[1].

1° *De la* factio testamenti *passive*. — A ce sujet, il faut distinguer entre le fidéicommis pur et simple ou à terme et le fidéicommis conditionnel. Dans le premier cas, la *factio testamenti* doit exister à trois époques, qui sont celles de la confection du testament, de la confection du codicille et de la fixation du fidéicommis sur la tête du fidéicommissaire à titre de droit acquis (L. 2, § 2; D. L. XXIX, t. VII; — LL. 2, § 1, et 6, § 4; D. L. XXIX, t. VII; — L. 5; D. L. XXXVI, t. II). Nous supposons évidemment dans ce cas que le fidéicommis a été fait par testament ou par codicille confirmé. S'il l'avait été par codicille non confirmé ou *ab intestat*, il suffirait que la *factio testamenti* passive eût existé aux deux dernières époques. Dans le second cas, c'est-à-dire celui d'un fidéicommis

---

1. Ces règles, que nous allons donner, ne reposent pas sur des données absolument certaines. Peut-être ne devrait-on exiger du fidéicommissaire la *testamenti factio* qu'au jour du décès du grevé en se basant sur la loi 7 pr., D., *De leg.* 3°, L. XXXII, qui prévoit un cas spécial, et est conçue en ce sens. Peut-être aussi ne doit-on voir dans ce texte qu'une décision d'espèce. C'est ce dernier parti que nous avons adopté.

conditionnel, il suffit même qu'elle existe au moment où la condition se réalise.

2° *Du* jus capiendi. — Cette capacité n'était exigée qu'au moment où la libéralité devait être recueillie ou dans les cent jours qui suivaient l'ouverture du testament.

CHAPITRE V

Objet des fidéicommis.

En principe, le fidéicommis peut porter sur tout ce qui peut faire l'objet d'un droit de créance. Dès lors son domaine est fort étendu et comprend aussi bien les meubles que les immeubles, aussi bien les choses corporelles que les choses incorporelles, aussi bien les objets considérés isolément que les universalités (Inst., L. II, t. XXIII, pr. — Inst., L. II, t. XXIV, pr.).

Une difficulté s'était néanmoins élevée au sujet de l'usufruit, lorsque la restitution ne devait se faire qu'au moment de la mort du grevé. Dans ce cas, en effet, l'usufruit s'éteignant par la mort de ce dernier, il n'était guère possible de comprendre qu'il pût encore être restitué postérieurement. Néanmoins, le préteur faisait remettre l'usufruit *jure legati* au fidéicommissaire et cela par suite d'une interprétation fort naturelle des volontés du défunt : il considérait que le *de cujus* avait voulu établir un usufruit spécial et nouveau en faveur du fidéicommissaire, usufruit soumis à la condition suspensive de la mort du grevé. Ce qui n'empêchait' (L. 29; D. L. XXXIII, t. II) pas le bénéficiaire d'obtenir cet usufruit à titre de fidéicommis.

Si l'objet du fidéicommis est une somme d'argent, ce sera soit à titre de chose fongible, soit à titre de corps certain qu'il devra être restitué. Tout dépend de la volonté du disposant. Dans le premier cas, le grevé aura un droit de quasi-usufruit, mais non dans le second.

Le fidéicommis peut porter sur la chose du testateur, sur celle du fiduciaire et sur celle d'autrui (Inst., L. II, t. XXIV, § 1).

Le grevé peut à son tour charger le fidéicommissaire d'un fidéicommis au sujet des biens qu'il lui rend, en supposant qu'il le gratifie accessoirement et sur ses propres biens (L. 77, § 31 ; D., *De leg.* 2°, L. XXXI. — Inst., L. II, t. XXIII, § 11).

Le fidéicommis peut aussi porter sur un fait à accomplir par le grevé, par exemple : un affranchissement à faire, un paiement à réaliser, une servitude à constituer. Mais il faut évidemment que dans tous ces cas les faits à accomplir soient licites et possibles. Néanmoins, au sujet de cette dernière condition, l'on ne se montrait pas fort sévère et l'on décidait que le fidéicommis serait valable dès l'instant où l'impossibilité cesserait d'exister lorsque cette impossibilité n'est que temporaire. C'est ce que Justinien décide, malgré l'avis contraire du jurisconsulte Gaius, au sujet de l'affranchissement de l'esclave d'autrui imposé au grevé ; il suppose le cas où le propriétaire de l'esclave refuserait de vendre et admet alors que l'exécution du fidéicommis sera simplement différée pour être réalisée plus tard, dès que l'achat serait devenu possible (Gaius, C. II, § 265. — Inst., L. II, t. XXIV, § 2).

Il faut enfin, pour la validité du fidéicommis, que son objet soit *in commercio*. A ce sujet même, et en cas de chose *extra commercium* d'une façon relative et temporaire, une question assez délicate pouvait se poser. Supposons que l'on ait laissé par fidéicommis à un gouverneur de province, incapable d'acquérir des biens situés dans la région qu'il administre, un immeuble de cette région, et voyons quelle sera la valeur de cette disposition.

Tout d'abord, le fidéicommis sera valable s'il est conditionnel et pourvu que l'obstacle ait disparu lors de l'événement de la condition ; il suffira donc que le fidéicommissaire ne soit plus gouverneur de la province en question au mo-

ment où il devra recueillir le bénéfice du fidéicommis (LL. 3
et 4; D. L. XXXIV, t. VII). Si, au contraire, le fidéicommis
est pur et simple, la solution présente certaines difficultés.
En effet, la règle catonienne rend définitive la nullité de
tout legs pur et simple qui, au moment de la confection du
testament, est nul par suite d'un obstacle relatif et temporaire et sans que l'on ait à se préoccuper si cet obstacle sera
ou ne sera pas levé dans la suite. Si donc cette règle s'applique aux fidéicommis, la disposition dans l'exemple que
nous avons choisi devra être nulle. Or, c'est à cette dernière
solution, malgré sa rigueur, que nous croyons devoir nous
rallier (L. 8, § 1; D., *De leg.* 3°, L. XXXII; — L. 25, § 1;
D. L. XXXVI, t. I). Ces deux textes exigent, en effet, que la
liberté soit donnée à l'esclave en même temps que le fidéicommis d'hérédité pour que ce dernier soit valable. Il est
vrai que la loi 40 au Digeste, *De legat.* 1°, Liv. XXX, affirme
que dans le cas qui nous occupe le grevé devra la valeur de
l'objet, s'il ne doit pas cet objet lui-même; mais il n'en est
pas moins vrai qu'il ne doit pas cet objet et qu'ainsi les principes sont saufs.

CHAPITRE VI

Des diverses espèces de fidéicommis.

On peut considérer les fidéicommis à deux points de vue principaux :
1° Sous le rapport de leur étendue ;
2° Sous le rapport de leurs modalités.

SECTION Ire

DES FIDÉICOMMIS CONSIDÉRÉS SOUS LE RAPPORT DE LEUR ÉTENDUE

A ce point de vue, l'on peut distinguer deux grandes espèces de fidéicommis :
1) Les fidéicommis à titre universel ;
2) Les fidéicommis à titre particulier.

Les premiers correspondent à l'institution d'héritier[1] et portent sur une universalité ou une quote-part de cette universalité. Les seconds, au contraire, correspondent aux legs et portent sur un objet particulier, sur une chose spéciale et déterminée.

1) Des fidéicommis à titre universel.

Ces fidéicommis peuvent eux-mêmes se subdiviser en trois catégories différentes : 1° ceux d'hérédité ou de portion d'hérédité ; 2° ceux de *eo quod pervenerit ;* et 3° ceux de *eo quod*

---

1. Les fidéicommis forment un mode de disposer qui possède certains caractères de l'institution d'héritier et certains caractères des legs, mais qui, d'autre part, en possède aussi de spéciaux; ils constituent donc une institution juridique particulière et originale.

supererit. Nous allons rapidement donner quelques notions sur chacune de ces catégories.

1. Des fidéicommis d'hérédité ou de portion d'hérédité. — En réalisant un pareil fidéicommis, le disposant charge le grevé de restituer au fidéicommissaire tout ou partie de sa succession. Il y a alors constitution de ce que l'on a nommé une *hereditas fideicommissaria.* Dans ce cas, le grevé n'est obligé de restituer que ce qu'il reçoit à titre successoral et non ce qu'il a pu recevoir du disposant à titre de donation, de fidéicommis ou de legs, tout au moins en principe (L. 96; D., *De leg.* 3°, L. XXXII). Rien n'empêcherait, en effet, le disposant de formuler à ce sujet une volonté contraire.

2. Des fidéicommis de *eo quod pervenerit.* — Ces fidéicommis, conçus en termes plus larges et plus étendus que les précédents, ont aussi une portée plus grande au point de vue des effets. Ils obligent le grevé à rendre tout ce qu'il a reçu du disposant, à quelque titre que ce puisse être. Cette formule ne comprend, néanmoins, que les bénéfices retirés de dispositions à cause de mort et non ceux résultant de donations entre vifs (L. 68; D., *De leg.* 2°, L. XXXI).

3) Des fidéicommis de *eo quod supererit.* — En vertu de ces fidéicommis, le grevé n'était obligé qu'à rendre simplement ce qui lui resterait des biens dont il aurait été gratifié, en se plaçant à l'époque de la restitution. Étant donnée cette formule, on peut se demander quelle pouvait être l'utilité d'une pareille disposition? Si le grevé, en effet, est libre de restituer *id quod supererit* et, d'autre part, d'en diminuer à son gré l'émolument, le fidéicommis est évidemment illusoire, et le bénéfice à en retirer peut être réduit par lui à rien ou, tout au moins, à fort peu de chose. Il fallait donc nécessairement qu'il existât certaines garanties en faveur du fidéicommissaire. Reste à savoir en quoi elles consistaient.

En règle générale, il faut admettre qu'il se posait là une question de fait et surtout de bonne foi (LL. 54 et 58, § 8; D. L. XXXVI, t. I). Le grevé devait se comporter en bon père de famille à l'égard des biens formant l'objet de la restitution.

C'est sur cette idée qu'on s'était basé pour admettre les règles suivantes : 1° Les dépenses du grevé devront s'imputer proportionnellement sur ses biens propres et sur ceux sujets à restitution ; 2° dans le cas d'échange d'un immeuble à restituer, l'immeuble acquis prendra la place de l'immeuble échangé (LL. 70, § 3; 71 et 72; D., *De leg.* 2°, L. XXXI); 3° en principe, on ne pourra aliéner les biens à titre gratuit, et on ne pourra le faire à titre onéreux, ou bien encore les hypothéquer, qu'en cas de nécessité (L. 58, § 8; D. L. XXXVI, t. I).

Plus tard, Justinien, dans la Novelle 108, posa en règle que le grevé ne pourrait vendre plus des trois quarts de ce qui était sujet à restitution. Il admettait, néanmoins, des dérogations à cette prohibition dans quatre cas, qui sont ceux de constitution de dot, de donation *propter nuptias,* de rachat de captifs et d'absolue nécessité, lorsque le grevé n'avait pas de quoi subvenir aux besoins de son existence (C. 6 *in fine;* C. L. VI, t. XLIX).

Nous terminerons ces quelques explications au sujet de ces trois espèces de fidéicommis, par une observation toute générale et qui a une importance réelle. En matière de fidéicommis et quels que soient les termes employés, il s'agit avant tout de rechercher les intentions du disposant; c'est au préteur à en apprécier le sens et la portée, sans s'attacher servilement à la formule plus ou moins exacte qui a été employée. Mais cela ne l'empêche pas de tenir compte de cette formule, lorsqu'elle rend bien la pensée du disposant, et nous en trouvons un exemple curieux dans les deux lois suivantes : L. 3, § 2 ; D. L. XXII, t. I, et L. 58, § 7 ; D. L. XXXVI, t. I. Dans la première, la formule employée par le testateur était celle-ci : *quidquid ex bonis supererit ;* dans la seconde, au contraire, elle était cette autre : *quidquid ex hereditate supererit.* Or, il fut admis, et avec raison à notre avis, que dans le premier cas le fidéicommis comprendrait même la restitution des fruits, ce qui n'aurait point lieu dans le second. Il est évident, en effet, que le terme « *bona* » est plus large et plus étendu que celui d'*hereditas.* Il est plausible, du reste, que des circonstances de fait vinrent encore corroborer cette interprétation.

2) *Des fidéicommis à titre particulier.*

En vertu de pareils fidéicommis, le grevé est tenu de restituer certains objets particuliers que lui désigne le défunt.

Ces fidéicommis ont une grande affinité avec le legs *per damnationem* et ne donnent, comme ces derniers, qu'un droit de créance au bénéficiaire. On peut néanmoins signaler quelques différences entre eux. Tout d'abord l'héritier qui nie l'existence d'un legs est condamné au double s'il est prouvé que le legs existe, et l'on donne contre lui l'*actio in duplum contra inficiantem* (Gaius, C. IV, § 9) ; le grevé au contraire, s'il se trouve dans les mêmes conditions, n'est condamné qu'au simple (Gaius, C. II, § 282). D'autre part, la répétition de l'indû est possible à l'égard du légataire, tandis qu'elle ne l'est pas à l'égard du grevé, en cas de paiement par erreur (Gaius, C. II, § 283)[1]. Enfin, lors d'un fidéicommis qui a

---

1. Pour que la répétition de l'indû fût admise, il fallait, entre autres conditions exigées, que le paiement n'eût pas été fait en vertu d'une des causes exceptionnelles entraînant la condamnation au double. Justinien abolit, d'une part, dans les fidéicommis, l'impossibilité de répéter et, d'autre part, dans les legs, la condamnation au double, mais par exception maintint ces deux

pour objet une chose hors du commerce en ce qui concerne le fidéicommissaire, l'estimation de cette chose n'en reste pas moins due, contrairement à ce qui arrive en cas de legs (L. 40; D., *De leg.* 1°, L. XXX).

Ces fidéicommis peuvent aussi consister en un fait à accomplir par le grevé, tel que l'affranchissement d'un ou de plusieurs esclaves.

Cette dernière espèce de fidéicommis ayant eu une certaine importance en droit romain, nous allons en dire quelques mots.

La liberté pouvait être laissée par fidéicommis tant à l'esclave du disposant qu'à l'esclave du grevé ou d'un tiers. Mais dans tous ces cas la liberté n'était laissée qu'indirectement et non pas *directo,* c'est-à-dire qu'elle exigeait, comme tout fidéicommis, le fait et l'intervention du grevé. C'est ce dernier qui était chargé d'affranchir l'esclave et qui, par suite, gardait sur lui les droits de patronage. L'affranchi par fidéicommis, à l'inverse de l'affranchi par testament, n'était pas *libertus orcinus,* mais *libertus heredis, vel legatarii, vel fideicommissarii* (Gaius, C. II, § 266). Cette différence, du reste, ainsi qu'il est facile de le voir, tenait à la nature même des choses.

Le fidéicommis de liberté n'exigeait pas plus que tous autres fidéicommis, des termes consacrés ; il suffisait que la volonté du disposant fût claire et précise. On avait admis à ce sujet le principe suivant : « *Non tantum enim verba fidei-* « *commissi, sed et mens testatoris tribuere solet libertatem* « *fideicommissariam.* » (L. 24, § 8; D. L. XL, t. V.)

Un autre principe, fertile en conséquences, était suivi en

peines rigoureuses, en cas de dispositions faites en faveur de monastères, d'hospices, d'asiles, etc. (C. 46, § 7; C. L. 1, t. III. — Inst., L. IV, t. VI, § 19 *in fine*).

matière de fidéicommis de liberté. Voici comment nous le trouvons formulé au Digeste : « *Nec enim ignotum est quod multa contra juris rigorem pro libertate sint constituta.* » C'est en vertu de ce principe que l'on avait admis, notamment, les règles suivantes : 1) l'esclave même *pignoratus* peut recevoir la liberté par fidéicommis (L. 24; § 10; D. L. XL, t. V); 2) ni l'aliénation de l'esclave, ni l'usucapion acquise sur sa personne ne peuvent éteindre ses droits à la liberté; l'esclave a le droit de réclamer, dans ces cas, son affranchissement soit au grevé, soit, si ce dernier s'y refuse, au possesseur; il peut même, dans cette dernière circonstance, demander à être l'affranchi du grevé, s'il y a intérêt et si la volonté du disposant est conforme à ce désir (L. 24, § 21; D. L. XL, t. V); 3) l'esclave affranchi par fidéicommis peut demander la *bonorum addictio,* dans les cas où celle-ci est donnée ordinairement, et cela sans qu'il importe de savoir s'il est l'esclave du disposant ou de toute autre personne, si le grevé est héritier ou légataire (L. 4, § 15; D. L. LX, t. V); 4) ni l'âge, ni la condition des grevés, ni même le retard qu'ils mettent dans l'exécution, ne peuvent détruire, ni changer les résultats que doit produire le fidéicommis, suivant les volontés du défunt (L. 30, § 16; D. L. XL, t. V); 5) en cas de vente des biens du grevé ou d'attribution de ces mêmes biens au fisc, les fidéicommis de liberté sont maintenus (L. 12, pr. et § 2; D. L. XL, t. V); 6) si la liberté a été léguée inutilement, la disposition vaut à titre de fidéicommis (L. 24, § 10; D. L. XL, t. V).

Ce fidéicommis de liberté peut du reste se doubler d'un fidéicommis ordinaire, portant sur tout ou partie, ou même sur un objet spécial de l'hérédité. Ce second fidéicommis ne s'exécutera alors qu'après l'affranchissement, puisque au cas contraire ce serait le maître de l'esclave qui en profiterait et non ce dernier.

SECTION II

DES FIDÉICOMMIS CONSIDÉRÉS SOUS LE RAPPORT DE LEURS
MODALITÉS

Les fidéicommis pouvaient être, soit purs et simples, soit conditionnels, soit enfin à terme. Au point de vue des modalités, ils offraient même plus de liberté au disposant que les legs et les testaments.

Nous avons vu, en effet, précédemment et en parlant des divers motifs qui avaient donné naissance aux fidéicommis, quel était le sort des legs et des institutions d'héritier, lorsqu'il s'y rencontrait soit les modalités résolutoires du *dies ad quem* ou de la condition *ad quam,* soit les conditions suspensives du *dies a quo* ou *post mortem.* Or, les règles que nous avons constatées à ce sujet ne s'appliquaient nullement aux fidéicommis, qui jouissaient sous ce rapport d'une immunité complète. La volonté du disposant, en somme, était toujours respectée et exécutée fidèlement (Inst., L. II, t. XVI, § 9. — Gaius, C. II, § 277).

Néanmoins, il faut apporter quelques restrictions à cette règle absolue que nous venons de formuler, restrictions qui sont les suivantes : 1) les conditions impossibles et illicites sont réputées non écrites (Inst., L. II, t. XIV, § 10); 2) le fidéicommis *nomine pœnæ,* c'est-à-dire fait en vue de nuire au grevé sans intention de gratifier le fidéicommissaire, est nul du temps de Gaius (Gaius, C. II, § 288); Justinien vint réformer la législation sur ce point et admit la validité de pareils fidéicommis, pourvu que le fait imposé au grevé ne présentât point un caractère d'impossibilité ou d'illicitité (Inst., L. II, t. XX, § 36 *in fine*).

Pour terminer ce que nous avons à dire au sujet des modalités dans les fidéicommis, il est indispensable que nous parlions de celle qui a donné lieu aux substitutions fidéicommissaires.

Cette modalité consiste à fixer l'époque de la restitution du fidéicommis à la mort du grevé ; c'est donc un fidéicommis *post mortem,* par lequel le défunt impose à son successeur la charge de restituer, lors du décès de ce dernier, tout ou partie de l'hérédité à un tiers désigné.

La substitution fidéicommissaire pouvait être soit simple, soit graduelle. Elle était simple, lorsque la restitution ne devait avoir lieu qu'une seule fois ; elle était graduelle, lorsque le disposant imposait deux ou plusieurs restitutions successives. D'autre part, ces fidéicommis pouvaient être, soit unilatéraux, soit réciproques ; ils étaient unilatéraux lorsque le grevé seul était chargé de rendre à son décès à l'appelé, sans que ce dernier fût soumis à la même obligation ; ils étaient réciproques lorsque le grevé et le fidéicommissaire avaient la mission réciproque et mutuelle de faire parvenir le montant du fidéicommis au survivant d'entre eux (C. 16 ; C., *De Pactis,* L. II, t. III ; — L. 77, § 13 ; D., *De leg.* 2°, L. XXXI).

Ces substitutions fidéicommissaires étaient principalement employées dans le but de maintenir et de conserver les biens dans les familles. Elles permettaient notamment à un père de transmettre intégralement et d'une façon indéfinie des biens à sa postérité la plus reculée. Elles pouvaient du reste être établies et formulées par le disposant dans les termes les plus divers. Tantôt ce dernier s'exprimait de la façon suivante : « *Volo meas œdes non vendi ab heredibus meis,* « *neque fœnerari super eas : sed manere eas firmas, simpli-* « *ces, meis filiis et nepotibus universum tempus* » (L. 88, § 15 ; D., *De leg.* 2°, L. XXXI). Tantôt il se contentait simple-

ment de défendre que ses biens ne fussent aliénés ou hypo-
théqués ; mais dans ce cas l'on exige que le disposant ait eu
formellement l'intention de faire profiter de cette prohibition
certaines personnes déterminées et appelées successivement
(L. 114, § 14 ; D., *De leg.* 1°, L. XXX). Ajoutons que les substitutions fidéicommissaires pouvaient avoir lieu de deux fa-
çons bien différentes : ou bien le disposant exprimait simplement son désir que tels biens restassent dans la famille ou
bien encore qu'il fissent retour soit à tel membre, soit à tous
les membres de la famille. Dans le premier cas, le grevé
avait le choix de la personne du fidéicommissaire, sauf à
faire ce choix dans la famille ; ce n'était que lorsqu'il ne
l'avait pas fait que les membres de la famille arrivaient au
fidéicommis suivant leur rang successoral. Dans le second et
le troisième cas, au contraire, le grevé n'avait pas le droit de
choisir le fidéicommissaire et c'étaient toujours soit les personnes nominativement désignées par le disposant, soit les
membres de la famille du degré le plus proche, qui, suivant
les cas, recueillaient le bénéfice du fidéicommis.

En cas de substitutions fidéicommissaires, les biens grevés
ne pouvaient, en principe, être aliénés ; aussi, en cas d'aliénation de ces biens faite par le fiduciaire, ou bien encore en
cas de mort de ce dernier, s'il laissait un héritier étranger
à la famille, les appelés pouvaient réclamer la restitution des
biens grevés de fidéicommis (L. 69, § 3 ; D., *De leg.* 2°, L.
XXXI). Néanmoins, dans le cas où les biens eussent été ven-
dus pour payer les dettes du disposant, les fidéicommissaires
perdaient leurs droits sur ces derniers ; il est de toute justice, en effet, qu'ils supportent les conséquences de la situation pécuniaire de leur auteur (L. 114, § 14 *in fine ;* D. L.
XXX). Plus tard, on admit même qu'en cas de fidéicommis
fait *simpliciter* à la famille, l'aliénation faite du consentement

de tous les membres qui la composent devenait inattaquable (L. 120, § 1; D., *De leg.* 1ᵒ, L. XXX; — C. 11; C. L. VI, t. XLII). Le grevé pouvait du reste, dans tous les cas, vendre les biens à des membres de la famille, et cela de tous temps, lorsque le disposant avait voulu simplement que ces biens ne revinssent pas à des étrangers.

———

CHAPITRE VII

De l'époque à laquelle s'ouvrent les fidéicommis.

Au sujet de l'ouverture des droits du fidéicommissaire, nous établirons d'abord les règles générales en cette matière, puis certaines règles spéciales et exceptionnelles.

SECTION Iʳᵉ

RÈGLES GÉNÉRALES

Une distinction fondamentale, dont il faut tenir compte en matière de fidéicommis, comme en matière de legs et de testament, c'est celle qui existe entre le *dies cedit* et le *dies venit,* c'est-à-dire entre l'époque de la fixation du droit sur la tête du fidéicommissaire et celle de son exigibilité. Une autre distinction consistera à séparer les fidéicommis soit purs et simples, soit à terme certain, des fidéicommis soit conditionnels, soit à terme incertain.

1) *Dies cedit.* — La fixation du *dies cedit* peut présenter de l'importance à trois points de vue. Il détermine en effet : 1° le moment auquel le droit au fidéicommis devient transmissible aux héritiers ; 2° la personne qui bénéficiera du fidéicommis, si le fidéicommissaire désigné est *alieni juris ;* 3° la consistance de l'objet à restituer (L. 5, § 7 ; D. L. XXXVI, t. II. — Inst., L. II, t. XX, § 20). Voyons donc à quelle époque se place le *dies cedit.*

Dans les fidéicommis soit purs et simples, soit à terme certain, le *dies cedit* se place au décès du disposant (L. 21 pr., D. L. XXXVI, t. II). La loi Papia Poppea recula ce jour à l'époque de l'ouverture du testament, mais Justinien, plus tard, rétablit l'ancienne règle.

Deux exceptions peuvent être néanmoins apportées à ce principe général. Elles ont trait aux fidéicommis soit de liberté, soit de droits exclusivement attachés à la personne, tels que ceux d'usufruitier, d'usage et d'habitation. Dans ces deux cas, le *dies cedit* se confond avec le *dies venit* et tous deux se placent au jour de l'adition d'hérédité de la part du grevé (L. 8; D. L. XXXVI, t. II; — LL. 2 et 3; D. L. XXXVI, t. II).

Dans les fidéicommis soit à terme incertain, soit conditionnels, le *dies cedit* se place au jour de l'événement de la condition ou du terme (L. 5, § 2; D. L. XXXVI, t. II). Si ce terme est la mort du grevé, comme il arrivera le plus souvent, le *dies cedit* se placera au moment de cette mort, ou bien encore au moment de la mort civile, par exemple en cas de condamnation *in metallum;* il n'en sera pas de même en cas de déportation (L. 77, § 4; D., *De leg.* 2°, L. XXXI).

2) *Dies venit.* — Le *dies venit,* c'est-à-dire l'époque où le droit devient exigible, se place, pour les fidéicommis purs et simples, au moment de l'adition d'hérédité ou de l'acceptation du legs faite par le grevé, et pour les fidéicommis soit à terme, soit conditionnels, au moment de l'arrivée du terme ou de la condition (Paul, *Sent.,* L. IV, t. I, § 14).

SECTION II

EXCEPTIONS

Dans certains cas exceptionnels, que nous allons passer en revue, la restitution s'opère à une époque antérieure à celle que nous venons de lui fixer. Ces cas sont les suivants:

a) Le grevé fait une remise anticipée du fidéicommis. — En pareille occurrence, l'époque de la remise est antérieure au *dies venit,* mais ce n'est qu'à cette dernière époque que les actions seront transmises au fidéicommissaire. Ajoutons de suite que le grevé n'est pas absolument libre de faire cette remise quand il le désire ; il doit tenir compte des intérêts des fidéicommissaires et s'abstenir de leur causer un préjudice. C'est ce qui pourrait se présenter, notamment, si ces derniers étaient encore en puissance et destinés à devenir *sui juris* à l'époque du *dies venit ;* c'est ce qui pourrait se présenter encore, si les fidéicommissaires étaientà plusieurs et pouvaient avoir l'espérance de profiter, avec le temps, du décès de l'un d'entre eux (L. 114, § 11 ; D., *De leg.* 1°, L. XXX). Dans ce cas et dans d'autres analogues, la remise anticipée est impossible, même du consentement des fidéicommissaires.

b) Pour cause d'abus de la part du grevé, lorsque le fidéicommissaire ne pouvait demander caution à ce dernier, parce qu'il était son fils (L. 50 ; D. L. XXXVI, t. I). — Il ne faudrait néanmoins pas généraliser cette exception et l'étendre en dehors du cas précis que nous venons de déterminer. Le fidéicommissaire a, en effet, comme garanties, la caution qu'il peut demander au grevé et l'envoi en possession des biens à titre de gage, qu'il peut obtenir si le fiduciaire ne lui donne pas caution (L. 1, § 2 ; D. L. XXXVI, t. III).

CHAPITRE VIII

Effets du *Dies venit* en matière de fidéicommis.

En matière de fidéicommis, le *dies venit* a pour effets :

1) De faire cesser les droits du fiduciaire et la situation toute spéciale où il s'est trouvé jusqu'alors à l'égard des biens grevés de fidéicommis ;

2) De permettre au fidéicommissaire de réclamer la restitution de ces mêmes biens. Nous allons étudier séparément ces deux effets.

SECTION Ire

CESSATION DES DROITS DU GREVÉ

Le grevé, qui a fait adition d'hérédité ou acceptation du legs, détient les biens, qu'il est chargé de rendre, jusqu'à l'époque de la restitution. Il a sur eux un droit de propriété, mais un droit de propriété d'une nature spéciale. Ce dernier étant soumis à une condition résolutoire, se trouve être nécessairement incertain et limité. On peut dire en somme du grevé qu'il est administrateur et, dans une certaine mesure même, propriétaire.

1) Comme administrateur, il perçoit les fruits, fait les réparations d'entretien et doit fournir caution. Cette dernière obligation n'incombe néanmoins ni au fisc, ni aux personnes dispensées par le disposant, ni même au grevé qui est le père du fidéicommissaire (L. 1, § 18; D. L. XXXVI, t. III; — L. 18; D. L. XXXVI, t. III; — C. 6, § 1; C. L. VI, t. XLIX). Exceptionnellement cependant, le père était obligé de fournir caution lorsqu'il se remariait ou bien encore lorsque, par une

volonté expresse, le disposant lui en avait imposé l'obligation.
Dans les cas où le grevé doit fournir caution et ne peut le faire,
on accorde au fidéicommissaire le droit de se faire envoyer
en possession des biens à titre de gage. A son tour, alors, le
fidéicommissaire doit fournir caution, et si cela lui est impossible, on nomme un séquestre (L. 1, § 2; D. L. XXXVI,
t. III; — L. 5, § 1; D. L. XXXVI, t. III).

La responsabilité du grevé s'apprécie suivant les règles
ordinaires de la théorie des fautes : s'il retire un bénéfice
quelconque de la succession du disposant, il est tenu de son
dol et de sa faute même légère appréciée *in concreto* (L. 47,
§ 5; D., *De leg.* 1°, L. XXX); si au contraire il n'en retire aucun bénéfice personnel, il n'est tenu que de sa faute lourde
(L. 22, § 3; D. L. XXXVI, t. I). Cette interprétation que nous
donnons est, croyons-nous, la seule qui permette de concilier
ces deux textes avec la loi 108, § 12; D., *De leg.* 1°, L. XXX,
qui pose la règle générale en notre matière.

2) Comme possédant un certain droit de propriété sur les
biens grevés de restitution, le fiduciaire s'en approprie les
fruits, à moins toutefois que le disposant n'ait exprimé à ce
sujet une volonté contraire (L. 78, § 12; D. L. XXXVI, t. I).
Si le grevé fait les fruits siens, il subit évidemment les charges
qui leur sont corrélatives, mais non dans le cas contraire
(L. 58, § 2; D. L. XXXVI, t. I). Il peut même aliéner les biens
dans la mesure où cela est nécessaire pour payer les dettes
de la succession (L. 78, § 4; D., *De leg.* 2°, L. XXXI). Néanmoins en principe toute aliénation faite par lui n'est valable
que pour la durée de son droit, par suite de l'inaliénabilité
dont les biens sont frappés (L. 69, § 1; D., *De leg.* 1°, L. XXX).

Avant Justinien, en cas d'aliénation à titre onéreux, l'acheteur de bonne foi ne pouvait être attaqué; le fidéicommissaire ne pouvait qu'agir en restitution du prix contre le grevé

(Paul, *Sent.*, L. IV, t. I, § 15; — L. 89, § 7; D., *De leg.* 2°, L. XXXI). Justinien admit la solution inverse (C. 3, § 2; C. L. VI, t. XLIII), mais il permit au grevé de se doter lui-même, ainsi que son fils et sa fille avec les biens grevés (Nov. XXXIX, ch. I, pr.[1]).

Cette situation toute spéciale, que nous venons de déterminer rapidement, cesse d'exister, quand l'époque de la restitution est arrivée. Les droits du grevé prennent fin ainsi que l'obligation des cautions; les aliénations indûment faites par le grevé deviennent attaquables.

SECTION II

DE LA RESTITUTION DES BIENS FAITE PAR LE GREVÉ AU FIDÉICOMMISSAIRE

Nous l'étudierons séparément dans les fidéicommis particuliers et dans les fidéicommis universels.

§ 1. — DE LA RESTITUTION EN CAS DE FIDÉICOMMIS PARTICULIERS.

Le droit du fidéicommissaire se réduit à une simple créance et à la possibilité d'exiger du grevé la délivrance et la restitution de l'objet du fidéicommis; le fidéicommissaire n'est pas investi de plein droit de la propriété de cet objet et ne peut l'être que par un acte émanant du fiduciaire. A cet effet, il intente contre ce dernier une *persecutio extraordinaria,* dans le cas où l'exécution n'a pas lieu de plein gré.

---

1. Dans le fidéicommis de *eo quod supererit,* il existait quelques règles spéciales au sujet des aliénations, règles que nous avons données plus haut, en parlant de ces fidéicommis en particulier, et qu'il est inutile dès lors de reproduire ici. Il en est de même pour les substitutions fidéicommissaires.

La délivrance consiste en une tradition réelle et effective[1].
Elle porte sur la chose elle-même avec ses accessoires et ses
améliorations, lorsqu'elle est un corps certain (L. 16; D., *De
leg.* 3°, L. XXXII); elle porte sur une chose de même nature,
qualité et quantité, lorsque l'objet du fidéicommis est une
chose fongible; elle porte sur l'estimation de la chose, lorsque le grevé n'a pu se la procurer ou qu'elle a péri par sa
faute (L. 11, § 17; D., *De leg.* 3°, L. XXXII); elle porte enfin
sur l'accomplissement du fait ou une cession d'action, quand
l'objet du fidéicommis est un fait ou une créance.

Nous verrons plus loin quelles ont été les réformes de Justinien au point de vue des nouveaux moyens d'action qu'il a
donnés au fidéicommissaire pour obtenir la restitution des
objets qui lui sont dus.

§ 2. — DE LA RESTITUTION EN CAS DE FIDÉICOMMIS UNIVERSELS.

En cas de fidéicommis universel, la délivrance matérielle
et effective n'est pas nécessaire pour que la restitution soit
faite; cette dernière peut avoir lieu même par déclaration
verbale, lettre ou message; il suffit, en un mot, du consentement des parties, du simple accord de leurs volontés
(LL. 63, pr., et 37 pr., D. L. XXXVI, t. I). On considérait
le fidéicommissaire comme ayant un certain *jus hereditarium*,
ainsi que l'indique l'expression « *hereditas fideicommissaria* »,
et cela indépendamment de toute tradition.

---

1. Cette nécessité d'une tradition constitue une première différence entre
les fidéicommis particuliers et les fidéicommis universels, mais il en existe
d'autres encore, consistant dans les faits suivants qui sont relatifs aux fidéicommis particuliers : 1° ils ne s'exécutent que sur l'actif net de l'hérédité ;
2° ils n'accordent pas aux fidéicommissaires les actions héréditaires, ni le droit
de forcer l'héritier à faire adition ; 3° ils sont soumis aux règles relatives à
la quarte Falcidie ; 4° ils peuvent être imposés à un plus grand nombre de
personnes, vu leur peu d'étendue.

En ce qui concerne l'étendue de la restitution, il faut se reporter à ce que nous avons dit plus haut au sujet des diverses espèces de fidéicommis universels. Ajoutons néanmoins que le grevé a le droit de déduire de la masse à restituer certaines choses que nous allons déterminer immédiatement.

Ce sont : *1*) Les dépenses qu'il a faites, soit pour la totalité s'il ne retient pas les fruits, soit pour ce qu'elles excèdent les frais d'entretien dans le cas contraire ;

2) Les créances qu'il possède contre le défunt (L. 104, § 7; D., *De leg.* 1º, L. XXX)[1] ;

3) Les objets volés par le fidéicommissaire (L. 48 ; D. L. XXXVI, t. I) ;

4) Tous les objets sur lesquels ne peut porter le fidéicommis, tels que la légitime, la *debita pars,* etc. ;

5) Enfin le grevé retient les droits qui sont inhérents à sa qualité d'héritier, tels que les *jura patronatûs et sepulchrorum* (L. 42; D. L. XXXVI, t. I).

Pour rendre efficaces ces droits reconnus au fiduciaire, on lui donne un droit de rétention.

Il nous reste encore à savoir maintenant quels étaient les divers modes de réaliser la restitution des fidéicommis universels. A cet égard, il faut distinguer quatre époques différentes :

---

1. Ce fait est remarquable. Ces créances se sont en effet éteintes par confusion à la suite de l'adition faite par le grevé et logiquement ne devraient pas renaître, puisque le grevé ne perd pas sa qualité d'héritier par la restitution. Du reste, les effets de la confusion produite par l'adition ne s'effacent pas de plein droit ; l'héritier créancier devra se payer par voie de retenue ou ne restituer qu'après avoir exigé une promesse du fidéicommissaire ; l'héritier débiteur doit contracter une obligation équivalente, la confusion ayant laissé subsister une obligation naturelle. Au sujet des servitudes, elles doivent être rétablies.

a) *Époque qui précéda le sénatus-consulte Trébellien.*

La délivrance des objets corporels de l'hérédité ne présentait aucune difficulté; mais il n'en était pas de même en ce qui concerne celle des objets incorporels, c'est-à-dire des droits actifs et passifs qui pouvaient la composer.

Pour parvenir à ce dernier but, on avait été amené à user d'une fiction. L'héritier vendait fictivement, *uno nummo*, la succession au fidéicommissaire ; puis intervenaient entre eux les stipulations *emptæ et venditæ hereditatis*, qui avaient lieu entre vendeurs et acheteurs d'hérédité. Le fidéicommissaire s'engageait à indemniser le grevé de ce qu'il paierait comme héritier, et d'autre part, le grevé s'engageait à constituer le fidéicommissaire *procurator* ou *cognitor in rem suam* pour le recouvrement des créances et à lui tenir compte de ce qu'il pourrait acquérir lui-même en sa qualité d'héritier (Gaius, C. II, § 252).

Ces stipulations avaient évidemment plus ou moins d'étendue, suivant que le fidéicommis était universel ou bien à titre universel.

Ce mode d'agir présentait de nombreux inconvénients. L'héritier en effet, puisqu'il gardait sa qualité, pouvait toujours agir et être actionné à ce titre; d'autre part, les recours réciproques entre le grevé et le fidéicommissaire pouvaient engendrer une grande multiplicité de procès; enfin, les parties avaient à supporter mutuellement les dangers de leur insolvabilité. Il y avait donc là une réforme à opérer.

b) *Époque du sénatus-consulte Trébellien.*

C'est sous le consulat d'Æneus Seneca et de Trebellius Maximus, en l'an 62 de notre ère, que ce sénatus-consulte fut rendu (L. 1, § 1; D. L. XXXVI, t. I).

On peut résumer les innovations qu'il a introduites dans notre matière de la façon suivante :

La restitution du fidéicommis entraîne le transfert des actions au fidéicommissaire, qui les possède à titre utile (Gaius, C. II, § 253). Néanmoins, l'héritier ne perd pas en principe sa qualité et ce n'est qu'à l'aide de l'exception *restitutæ hereditatis* que les actions exercées par ou contre lui peuvent être repoussées (L. 27, § 7 ; D. L. XXXVI, t. I). Le fidéicommissaire est donc *loco heredis* et à ce titre a droit à toutes les actions et obligations même naturelles (L. 40 pr., D. L. XXXVI, t. I) ; il les reçoit avec tous les avantages que le grevé y a su attacher, en faisant, par exemple, un pacte de constitut, en recevant une satisdation ou en stipulant un gage ou une hypothèque (L. 22 ; D. L. XIII, t. V ; — L. 21 pr., D. L. XLVI, t. I [1][2]) ; mais il ne reçoit pas les actions nées dans la personne de l'héritier, bien qu'à l'occasion des choses héréditaires, si elles ne se rattachent pas à la créance du disposant ; on peut citer comme exemples, l'action provenant d'un prêt fait par le grevé avec l'argent de la succession (L. 73 pr., D. L. XXXVI, t. I) et l'action de la loi Aquilia dans le cas d'un dommage causé à un esclave héréditaire (L. 66, § 2 ; D. L. XXXVI, t. I [3]).

---

1. La loi 73 pr., D. L. XXXVI, t. I, dit néanmoins le contraire au sujet des hypothèques, mais elle le fait d'une façon bien dubitative et hésitante. Du reste, elle accorde au fidéicommissaire le droit d'exiger du grevé la cession de l'action ainsi garantie.

2. L'héritier garde les *jura patronatûs et sepulchrorum* (L. 42 ; D. L. XXXVI, t. I).

3. Les actions que possédait le fidéicommissaire étaient qualifiées d'utiles et donnaient probablement lieu à une *formula fictitia.* (Gaius, C. II, § 3). L'édit prétorien donna au fidéicommissaire une action *in rem generale* nommée *fideicommissaria hereditatis petitio* et qui ne différait de la *directa hereditatis petitio* que par la fiction qui se trouvait dans la formule (LL. 1 et 2 ; D. L. V, t. VI).

Le sénatus-consulte Trébellien s'applique aussi bien à l'héritier *ab intestat* qu'à l'héritier testamentaire et au fidéicommissaire à titre universel (L. 1, §§ 5, 7 et 8; D. L. XXXVI, t. I). Il ne s'applique pas au légataire partiaire (L. 22, § 5; D. L. XXXVI, t. I). Cette dernière exception se justifie par le fait suivant : le S.-C. Trébellien ayant pour effet de transférer les actions héréditaires de la tête du grevé sur celle du fidéicommissaire et le légataire partiaire n'ayant pas ces actions, puisqu'il n'a pas la qualité d'héritier, il ne peut être question de les transférer.

Le fidéicommissaire était chargé de plein droit du paiement des legs et autres charges grevant l'actif héréditaire jusqu'à concurrence de cet actif (C. 2; C. L. VI, t. XLVI).

c) *Époque du sénatus-consulte Pégasien (an 73 de notre ère).*

Le sénatus-consulte Trébellien avait réalisé un premier progrès; le sénatus-consulte Pégasien en vint réaliser un second. Il était en effet à craindre, sous l'empire du S.-C. Trébellien, que le grevé ne fît point adition, lorsqu'il ne devait retirer aucun profit et aucun avantage de la succession du disposant. C'est pour remédier à ce danger possible que le S.-C. Pégasien réalisa les deux innovations suivantes : d'une part, la quarte pégasienne, et d'autre part, l'adition forcée. Mais avant d'en faire l'étude séparée, voyons d'abord quelle est la qualité que le sénatus-consulte Pégasien confère au fidéicommissaire.

Cette qualité est celle d'un légataire partiaire et ce sont donc les stipulations *partis et pro parte* qui devront intervenir entre le fidéicommissaire et le grevé. Ce ne sera donc plus *loco emptoris*, ni *loco heredis* que ce dernier agira, mais bien *loco legatarii partiarii*.

1° *De la quarte Pégasienne.*

Tout héritier, soit testamentaire, soit *ab intestat*, qu'il fût chargé de fidéicommis universels ou particuliers, qu'il fût un particulier ou bien le fisc, avait droit à la quarte Pégasienne (LL. 6, § 1, et 3, § 5; D. L. XXXVI, t. I). Mais encore la qualité d'héritier était-elle nécessaire; aussi ni le légataire, ni le fidéicommissaire, bien qu'ils fussent grevés de fidéicommis, n'avaient-ils aucun droit à la quarte Pégasienne; peu importait même, au sujet du fidéicommissaire, que l'héritier n'eût point pu ou n'eût point voulu retenir la quarte (L. 55, § 2; D. L. XXXVI, t. I).

Outre la qualité d'héritier que doit posséder le grevé, on exige encore, pour qu'il y ait lieu à la quarte pégasienne, que le fidéicommis dépasse les trois quarts de la part héréditaire revenant au grevé, et que ce dernier fasse adition de plein gré (Gaius, C. II, § 256). Justinien à ces diverses conditions en ajouta une nouvelle : il fallait dorénavant que le disposant n'eût pas privé le fiduciaire formellement de sa quarte; cette condition du reste était déjà exigée au moins en fait dans les temps antérieurs, l'empereur intervenant dans beaucoup de cas pour faire respecter la volonté des défunts. (L. 30, § 4; D. L. XXXVI, t. I. — Novelle I, ch. II, § 2.)

Le droit à la quarte pégasienne consistait dans la possibilité pour l'héritier de garder le quart de sa part héréditaire lors de la restitution du fidéicommis; c'est par voie de rétention que le grevé exerçait son droit, et c'est ce que l'on exprimait en disant que la quarte était *in retentione* et non *in petitione*. Aussi dans les débuts n'admettait-on pas le grevé à agir par la *condictio indebiti*, lorsqu'il avait payé soit par erreur, soit par tout autre motif plus des trois quarts par lui dus. On voyait dans le paiement qu'il avait fait et dans la non-retenue de la quarte l'accomplissement d'un devoir de conscience; dès lors, la *causa pietatis* empêchait la répétition de l'indû (Paul, *Sent.*, L. IV, t. III, § 4). Pour remédier à cet inconvénient, on usait de deux moyens : ou bien l'on permettait au grevé de reprendre la possession des biens héréditaires (L. 21 ; D. L. XXXVI, t. I) ; ou bien encore le fiduciaire, avant de restituer, exigeait du fidéicommissaire une promesse analogue à la stipulation prétorienne : « *Si cui plus quam per legem Falcidiam* », se réservant ainsi le droit de reprendre une partie du fidéicommis, s'il venait à découvrir une erreur. Plus tard, du reste, on permit au grevé d'agir par la *condictio indebiti*. (L. 68, § 1 ; D. L. XXXVI, t. I.)

La quarte pégasienne a de grandes analogies avec la quarte Falcidie et des règles communes les régissent toutes deux en majeure partie. Néanmoins l'on peut signaler entre elles quelques différences. C'est ainsi que le disposant peut priver le grevé du droit à la quarte pégasienne, tandis qu'il ne peut le faire en ce qui concerne l'héritier testamentaire et la quarte Falcidie, cette dernière ayant un caractère d'ordre public. C'est ainsi encore qu'au début, ainsi que nous l'avons vu un peu plus haut, on n'admit pas la *condictio indebiti* pour la quarte pégasienne, ce qui n'eut pas lieu pour la quarte Falcidie. C'est ainsi enfin que la qualité d'héritier testamentaire n'est pas exigée pour avoir droit à la première, tandis qu'elle l'est pour avoir droit à la seconde.

Dans le calcul du montant de la quarte pégasienne, on procède de la façon suivante :

On prend les biens du disposant et on les évalue en se plaçant au moment de sa mort ; on y joint les créances héréditaires et on forme ainsi l'actif brut de la succession. C'est de cet actif brut que l'on retranche, pour avoir l'actif net, les dettes, les frais funéraires et la valeur des esclaves affranchis.

Cette première opération faite, on détermine la part qui

doit revenir au grevé, soit par suite de sa vocation *ab intestat*, soit par suite de sa vocation testamentaire. On prend ensuite le quart de cette part afférente au grevé [1].

Ceci fait, il s'agit de savoir quels sont les avantages recueillis par le grevé dans la succession du défunt qui s'imputent sur la quarte ainsi déterminée. Ce sont d'abord les legs ainsi que tout ce qu'il reçoit *jure et titulo heredis;* ce sont ensuite les fruits perçus dans l'intervalle qui sépare l'adition de la restitution, mais cela seulement lorsque le fidéicommis est conditionnel et nullement quand il est pur et simple ; dans ce dernier cas, en effet, c'est à la négligence du fidéicommissaire et non à la volonté du disposant qu'il doit le maintien des biens en sa possession (L. 22, § 2 ; D. L. XXXVI, t. I).

Le montant de la quarte établi, on opère la réduction ; celle-ci frappe les legs, tout comme les fidéicommis (L. 3, § 2 ; D. L. XXXVI, t. I).

2° *De l'acceptation forcée.*

Nous réunirons nos explications à ce sujet sous les trois chefs suivants :

1) Qui peut exiger l'acceptation forcée ?

2) A qui peut-on l'imposer ?

3) Quels sont ses effets ?

1) *Qui peut exiger l'acceptation forcée ?* — Tout fidéicommissaire universel appelé définitivement à la succession peut exiger l'acceptation de l'hérédité de la part du grevé.

Cette formule exclut d'une part les fidéicommissaires particuliers et, d'autre part, dans les fidéicommis graduels, le

---

1. Nous raisonnons évidemment ici sur l'hypothèse la plus simple, c'est-à-dire celle qui se présentera lorsque tous les héritiers sont capables et font adition. Dans les autres hypothèses, comme du reste dans celle que nous prévoyons, on appliquera les règles de la quarte Falcidie.

premier fidéicommissaire forcé de restituer à son tour, soit
de suite, soit un peu plus tard et en ne retenant par devers
lui que les fruits, tous les biens qu'il recueille du grevé. Les
premiers sont exclus parce que leur qualité de successeurs
particuliers ne permet pas le transfert des actions héréditaires
sur leur tête, comme cela doit arriver nécessairement en cas
d'adition forcée; les seconds sont exclus parce qu'ils ne représentent pas des intérêts assez considérables pour que l'on
impose à l'héritier une adition forcée (LL. 14, § 5, et 55,
§ 2 *in fine,* D. L. XXXVI, t. I).

La règle posée, passons en revue quelques cas spéciaux qui
pourraient présenter certaines difficultés.

Supposons que le fidéicommissaire soit un esclave et que
le disposant lui ait laissé la liberté et l'hérédité par voie de
fidéicommis. En principe, dans ce cas, l'esclave, malgré l'absence chez lui de toute personnalité juridique, a le droit de
se présenter devant le préteur pour exiger de la part de l'héritier fiduciaire, l'adition d'hérédité (L. 22, § 1 ; D. L. XXXVI,
t. I). Néanmoins, cette règle reçoit quelques tempéraments.
Elle s'applique dans toute son étendue, lorsque les deux fidéicommis de liberté et d'hérédité sont purs et simples; elle s'applique encore lorsque ce n'est que le fidéicommis d'hérédité
qui est conditionnel; mais il n'en est plus de même lorsque
c'est le fidéicommis de liberté qui est conditionnel ou à
terme; dans ce dernier cas, le grevé ne pourra être forcé
de faire adition qu'après l'arrivée de la condition ou du
terme, et cela pour un motif fort équitable : on ne veut pas
que le grevé soit tenu de s'exposer aux risques d'une acceptation dont il supporterait les conséquences, si l'esclave venait à mourir avant l'arrivée du terme, ou bien encore si la
condition venait à défaillir (L. 31 pr. et § 1 ; D. L. XXXVI,
tit. I).

Les mêmes règles s'appliquent, si l'affranchissement a eu lieu *directo* par testament et que le fidéicommis n'a porté que sur l'hérédité seulement (L. 55, § 1 ; D. L. XXXVI, tit. I).

Si maintenant le fidéicommis est fait à un esclave, sans qu'il y ait fidéicommis de liberté en sa faveur, ou bien à un fils de famille, sans que l'époque de la restitution soit reculée au temps où il pourra en profiter personnellement, c'est le maître ou le père de famille qui sont en réalité gratifiés et qui pourront forcer le grevé à faire adition.

Si le fidéicommissaire est *infans*, c'est son tuteur qui agira pour lui (L. 65, § 3 *in fine*, D. L. XXXVI, t. I). S'il est absent, une distinction est nécessaire : ou bien le grevé est institué *ex asse* et alors le fidéicommissaire pourra agir à l'aide d'un *procurator* (L. 11, § 2 ; D. L. XXXVI, t. I) ; ou bien il est institué pour partie seulement, et alors il ne pourra point agir (L. 66, § 1 ; D. L. XXXVI, t. I). Cette distinction est du reste assez logique ; dans le premier cas, en effet, et en vertu d'un rescrit d'Antonin, le grevé pouvait faire annuler son adition, lorsque le fidéicommissaire ne voulait pas ratifier les actes de son *procurator ;* il était donc à l'abri de tout danger, ce qui n'existait pas dans le second cas, où cette faculté ne lui était pas accordée[1].

La même distinction, fondée sur les mêmes motifs, s'appliquera en cas de fidéicommis conditionnel ou à terme (LL. 11, § 2 ; 12 ; 6, § 6 ; D. L. XXXVI, t. I).

2) *A qui l'acceptation peut-elle être imposée ?* — L'acceptation peut être imposée à tout héritier, qu'il le soit *ab intes-*

---

1. La distinction faite par le rescrit d'Antonin reposait sans doute sur le but poursuivi, qui consistait à empêcher que le disposant ne mourût *ab intestat ;* ce danger existait en cas d'héritier institué *ex asse,* mais n'existait plus dans le cas contraire.

tat ou bien en vertu d'un testament. Elle ne peut donc l'être au légataire partiaire (L. 22, § 5 ; D. L. XXXVI, t. I).

Mais peu importe que l'héritier soit frappé d'incapacité par les lois caducaires (L. 16, § 15 ; D. L. XXXVI, t. I), qu'il se trouve encore dans les délais pour délibérer (L. 71 ; D. L. XXXVI, t. I), ou bien encore que son droit soit conditionnel, si l'exécution de la condition dépend de la volonté du grevé et n'est ni impossible ni honteuse (L. 63, § 7 ; D. L. XXXVI, t. I) ; il en serait autrement si la condition était casuelle ou consistait en un fait impossible ou contraire à l'ordre public (L. 31, § 2 ; D. L. XXXVI, t. I).

3) *Effets de l'acceptation forcée.* — A l'égard de l'héritier forcé à faire adition, ces effets sont fort remarquables. Il perd tous les bénéfices et tous les avantages attachés à son titre et devient étranger à la succession.

C'est ainsi qu'il perd : 1° tous les avantages qu'il eût recueillis, s'il n'avait pas répudié la succession (L. 27, § 2 ; D. L. XXXVI, t. I) ; 2° les legs et fidéicommis dont l'a gratifié le disposant (LL. 55, § 3, et 27, § 14 ; D. L. XXXVI, t. I) ; 3° son droit à la quarte pégasienne (L. 14, § 4 ; D. L. XXXVI, t. I).

Mais il peut retenir les fruits et autres produits recueillis après l'adition et avant sa mise en demeure (L. 27, § 1 ; D. L. XXXVI, t. I).

Le grevé n'a pas les actions héréditaires. On peut lui opposer l'exception *restitutæ hereditatis*, s'il les exerce et, à l'inverse, il peut opposer la même exception aux poursuites intentées contre lui.

C'est le fidéicommissaire qui prend la place de l'héritier et en joue le rôle ; il recueille le bénéfice de la succession, en possède toutes les actions et en supporte les charges. Peu importe même que le fidéicommis porte sur la totalité ou une quote-part seulement des biens du disposant (L. 16, § 4 ;

D. L. XXXVI, t. I). La restitution se fait donc en vertu du sénatus-consulte Trébellien et le fidéicommissaire est *loco heredis*.

Néanmoins, rappelons que le fidéicommissaire n'a pas droit à la quarte pégasienne, s'il doit restituer à un second fidéicommissaire.

Dans quels cas s'applique le S.-C. Trébellien et dans quels cas le S.-C. Pégasien ?

Ces deux sénatus-consultes ayant chacun leur domaine spécial et ne présentant entre eux aucune incompatibilité, auraient pu parfaitement être appliqués d'une façon simultanée et distincte. Il n'en fut pas ainsi néanmoins, et la jurisprudence romaine fut amenée à poser en cette matière des règles quelque peu arbitraires et à discerner quatre hypothèses différentes.

1° Supposons que l'héritier ait fait adition volontairement et que le fidéicommis ne dépasse pas les trois quarts de l'hérédité.

Dans cette hypothèse, il faut distinguer. Ou bien l'héritier a sa quarte à titre universel et alors le S.-C. Trébellien s'applique ; il aura donc les actions héréditaires directes pour la part qu'il reçoit et le fidéicommissaire les aura à titre utile pour le reste (Gaius, C. II, § 255). Ou bien l'héritier a sa quarte, mais elle se compose d'objets déterminés et, dans ce cas encore, le S.-C. Trébellien s'appliquera ; néanmoins, il faut remarquer qu'ici les actions héréditaires ne se partageront pas entre le grevé et le fidéicommissaire et que ce dernier les aura en totalité ; le grevé ne joue, en quelque sorte, que le rôle d'un simple légataire (Inst., L. II, t. XXIII, § 9) ; il ne faudrait pas, néanmoins, prendre au pied de la lettre cette assimilation entre le grevé et un simple légataire : si, en effet, le fidéicommissaire venait à faire défaut, rien n'empêcherait le grevé de recueillir toute l'hérédité (L. 30, § 3; D. L. XXXVI, t. I).

2° Supposons, maintenant, que l'héritier ait fait adition volontaire, que le fidéicommis comprenne toute la succession et que le grevé n'en ait restitué que les trois quarts, en retenant par devers lui la quarte pégasienne.

Dans cette hypothèse, le sénatus-consulte Pégasien s'applique; l'héritier gardera donc les actions héréditaires, le fidéicommissaire sera considéré comme un simple légataire et les stipulations *partis et pro parte* interviendront entre ces deux personnes (Gaius, C. II, § 254 *in fine*. — Ulpien, *R.*, t. XXV, § 15).

3° Supposons, à l'inverse, que, dans les mêmes conditions, le grevé exécute le fidéicommis intégralement et sans retenir la quarte pégasienne, à laquelle il a droit.

Dans cette hypothèse, on pourrait supposer, au premier abord, que c'est le S.-C. Trébellien qui s'applique, puisque le grevé n'invoque pas le S.-C. Pégasien et qu'il ne doit pas, dès lors, en supporter les inconvénients. C'était aussi l'avis de Paul et de Modestin, mais il ne prévalut pas en pratique (Paul, *Sent.*, L. IV, t. III, § 2; L. 45; D. L. XXXVI, t. I). C'est le sénatus-consulte Pégasien qui s'appliquera, le désintéressement de l'héritier ne pouvant modifier les règles en la matière; notons, cependant, que ce seront les stipulations *emptæ et venditæ hereditatis* et non celles *partis et pro parte,* qui interviendront entre le grevé et le fidéicommissaire (Ulpien, *R.*, t. XXV, § 14. — Gaius, C. II, § 257).

4° Supposons, enfin, que le grevé soit forcé à faire adition. Dans ce cas, le fidéicommissaire sera considéré comme héritier et le S.-C. Trébellien s'appliquera. Nous avons, du reste, étudié plus haut cette hypothèse et, dès lors, il est inutile d'y revenir.

d) *Réformes de Justinien.*

Justinien voulut simplifier la matière des fidéicommis et, dans ce but, fondit ensemble les dispositions des deux sénatus-consultes qui les régissaient antérieurement (Inst., L. II, t. XXIII, § 7).

A cet effet, il abrogea le S.-C. Pégasien sous le rapport de la transmission des actions héréditaires, le laissa subsister au point de vue de la rétention possible de la quarte et de l'adition forcée et réunit les dispositions subsistantes des deux sénatus-consultes sous le nom de S.-C. Trébellien.

Il en résulte qu'à partir de cette réforme les actions sont transférées dans tous les cas et de plein droit au fidéicommissaire, sans que l'intervention de stipulations quelconques soit nécessaire ; que ces actions sont transférées, soit en totalité, soit *pro ratâ parte,* suivant l'étendue du fidéicommis ; que le grevé peut toujours être forcé à faire adition et que l'exception *restitutæ hereditatis* subsiste pour et contre lui ; qu'enfin, ce même grevé peut retenir sa quarte s'il a accepté volontairement la succession du disposant. Au sujet de cette dernière faculté, il ne faut pas oublier une restriction apportée par Justinien et dont nous avons déjà parlé, à savoir que le disposant peut, par une disposition formelle, priver le grevé du droit de retenir la quarte (Novelle I, ch. II, § 2).

CHAPITRE IX

Actions que possède le fidéicommissaire pour obtenir la restitution du fidéicommis.

Pour étudier les actions qui existèrent successivement dans la législation romaine en matière de fidéicommis, nous ferons une distinction entre les fidéicommis universels et les fidéicommis particuliers.

I. Actions que possèdent les fidéicommissaires universels.

Les actions que possédaient les fidéicommissaires universels étaient, suivant les époques et les diverses hypothèses, ainsi que nous l'avons vu précédemment, tantôt celles d'un acheteur d'hérédité, tantôt celles d'un légataire partiaire, tantôt enfin celles d'un héritier. Voyons donc rapidement quels étaient les avantages et les inconvénients respectifs de ces diverses espèces d'actions.

1) Supposons, d'abord, que le fidéicommissaire doive être *loco emptoris*. Dans ce cas, la restitution se fait d'une façon toute naturelle à l'égard des choses corporelles à l'aide de traditions et de mancipations. Mais, en ce qui concernait soit les créances, soit les dettes, soit les legs, la restitution ne pouvait se faire de la même façon, et l'on se voyait forcé d'employer les stipulations *emptæ et venditæ hereditatis*.

Reste à savoir en quoi consistaient ces dernières. Le jurisconsulte Gaius nous a conservé, sinon les termes exacts, tout au moins le sens et la portée de pareilles stipulations dans les lignes suivantes : « *Heres quidem stipulabatur ab eo cui* « *restituebatur hereditas, ut quidquid hereditario nomine* « *condemnatus fuisset, sive quid alias bona fide dedisset, eo* « *nomine indemnis esset, et omnino si quis cum eo hereditario*

« *nomine ageret, ut recte defenderetur ; ille vero qui recipie-*
« *bat hereditatem, invicem stipulabatur, ut si quid ex here-*
« *ditate ad heredem pervenisset, id sibi restitueretur, ut etiam*
« *pateretur eum hereditarias actiones procuratorio aut cogni-*
« *torio nomine exequi.* » (Gaius, C. II, § 252.)

Le fidéicommissaire promettait donc, d'une part, d'indemniser le grevé au sujet des condamnations que celui-ci pourrait subir en qualité d'héritier, ainsi qu'au sujet des paiements réguliers qu'il ferait au même titre, et, d'autre part, il promettait de le défendre dans le cas où quelqu'un viendrait à lui intenter un procès au sujet de la succession.

Le grevé, de son côté, s'engageait à rendre au fidéicommissaire le bénéfice qu'il recueillerait de l'hérédité et à lui permettre d'exercer les actions héréditaires *procuratorio vel cognitorio nomine*.

La situation ainsi faite au fidéicommissaire était assez favorable. Ayant l'exercice des actions pour le recouvrement des créances, et recevant les objets corporels de l'hérédité, il pouvait obtenir tout le bénéfice de ce qui lui était dû. Mais, d'autre part, il était sous la dépendance du grevé, qui pouvait lui céder ou lui refuser l'exercice des actions et qui le tenait à sa merci. Il y avait là évidemment un inconvénient.

Quant à la situation du grevé, elle était beaucoup moins avantageuse encore. Exposé aux poursuites des créanciers héréditaires, il était obligé de s'occuper de la liquidation de la succession sans retirer aucun bénéfice de cette dernière, ou tout au moins pour n'en retirer qu'un bénéfice réduit et partiel.

Ce mode de restitution avait enfin deux inconvénients communs au grevé et au fidéicommissaire. Tous deux, en effet, étaient obligés de courir les risques de leur insolvabilité

réciproque. Tous deux subissaient les conséquences de cette
règle que les droits réels et les droits de créance éteints
par confusion en la personne de l'héritier, ne revivaient pas
au moyen de la vente ; il est vrai que les actions *empti et
venditi* permettaient d'effacer les résultats de la confusion
et d'échapper au dernier inconvénient que nous venons de
signaler (L. 2, §§ 18 et 19 ; D. L. XVIII, t. IV).

2) Supposons maintenant que le fidéicommissaire soit *loco
legatarii partiarii*. Dans ce cas la situation du fidéicommissaire
est quelque peu différente de celle que nous venons de voir. En
effet, à titre de légataire partiaire, il ne peut plus en aucune
façon exercer les actions héréditaires ; c'est toujours le grevé
qui agit et c'est toujours contre lui que l'on agit. La stipulation ne porte plus que sur le règlement définitif de compte
qui doit avoir lieu entre le grevé et le fidéicommissaire. Ce
sont des stipulations *de lucro et damno pro ratâ parte com-
municando* qui interviennent et voici quelle en était la portée
(Gaius, C. II, § 255 *in fine*). Elles consistent de la part du
grevé à promettre de donner au fidéicommissaire telle part
des sommes qu'il aura obtenues de tout débiteur héréditaire ;
elles consistent de la part du fidéicommissaire à promettre
de restituer au grevé telle part de tout ce que ce dernier aura
été obligé de payer aux créanciers héréditaires. Elles portent
donc, ainsi qu'il est facile de le voir, sur les objets incorporels de l'hérédité. Quant aux objets corporels, le grevé n'est
pas obligé d'en donner au légataire partiaire sa part en nature, et l'on avait même fait à leur sujet la distinction suivante : à l'égard des choses qui ne pourraient se diviser sans
dommages, le grevé en donnera l'estimation ; à l'égard des
autres, il est libre de choisir entre l'estimation et la part en
nature (L. 26, § 2 ; D, *De leg.* 1°, L. XXX).

Il est facile de voir que cette situation du fidéicommissaire est beaucoup moins favorable que celle du fidéicommissaire *emptoris loco ;* il est en effet dans une dépendance beaucoup plus étroite à l'égard du grevé et peut voir réduit parfois son droit à une simple somme d'argent.

3) Supposons enfin que le fidéicommissaire soit *loco heredis.* — C'est dans ce cas que le fidéicommissaire se trouve dans les conditions les plus propices. Sans l'intervention du grevé, il peut exercer les actions héréditaires, et il les exerce à titre utile ; il possède la *fideicommissaria hereditatis petitio.* Le grevé ne peut plus agir sans se voir repoussé par l'exception *restitutæ hereditatis,* que du reste il peut invoquer à son tour contre les créanciers héréditaires qui voudraient le poursuivre.

II. Actions que possèdent les fidéicommissaires particuliers.

A ce sujet nous avons fort peu de chose à dire. Le magistrat ordonnait évidemment la restitution des objets particuliers, restitution qui se faisait par les voies ordinaires, telles que les mancipations et traditions.

Procédure. — C'est à l'aide d'un *judicium extraordinarium* que le fidéicommissaire agit contre le grevé. A cet effet, il s'adresse à Rome au préteur fidéicommissaire, et dans les provinces aux *præsides provinciæ* (Ulpien, *R.,* t. XXV, § 12). Ces magistrats statuaient de suite au fond et rendaient une *sententia* ou *decretum ;* ils pouvaient condamner tant le demandeur que le défendeur, et faisaient au besoin saisir et vendre les biens de celui qui perdait son procès, pour procurer l'exécution de leurs décisions. L'envoi en possession des biens était peut-être lui-même usité. Nous avons vu en effet précédemment que l'envoi en possession à titre de gage pouvait avoir lieu, si le grevé ne se trouvait pas à même de fournir caution.

Justinien réforma en cette matière la législation antérieure d'une manière profonde. Assimilant les fidéicommis aux legs [1], il leur accorda les mêmes actions et la même procédure. Le fidéicommissaire eut donc, en cas de fidéicommis particulier, trois actions pour faire valoir ses droits : la *rei vindicatio,* la *condictio ex testamento* et enfin l'action hypothécaire. D'autre part, en cas de fidéicommis universel, il eut tantôt la *fideicommissaria hereditatis petitio,* tantôt l'action utile *familiæ erciscundæ,* suivant que le fidéicommis comprenait la totalité ou une quote-part seulement de la succession du disposant (LL. 1, 2 et 3 ; D. L. V, t. VI ; — L. 24, § 1 ; D. L. X, t. II) [2].

1. Cette assimilation n'existe pas néanmoins sur tous les points. Elle n'existe pas d'abord au sujet du fidéicommis de liberté, qui confère toujours la liberté d'une façon indirecte et jamais d'une façon directe (Inst., L. II, t. XXIV, § 2).

2. Justinien opéra encore une autre réforme, en sanctionnant énergiquement les fidéicommis. En 535, il décida qu'un décret du juge doit intervenir pour enjoindre à l'héritier d'exécuter le fidéicommis ; faute de l'avoir fait dans l'année, le grevé, s'il est légitimaire, est réduit à sa légitime, et dans le cas contraire, il perd le bénéfice de son institution (Novelle I, ch. I, §§ 3 et 4).

CHAPITRE X

Extinction des fidéicommis.

Les causes d'extinction des fidéicommis sont nombreuses et peuvent provenir tantôt du fait du disposant, tantôt du fait du grevé, tantôt enfin du fait du fidéicommissaire ou même de causes absolument indépendantes de la volonté de ces trois sortes de personnes.

1° L'extinction du fidéicommis résulte du fait du disposant. — Ce cas se présente lorsque le *de cujus* a révoqué le fidéicommis. Cette révocation peut du reste avoir lieu soit par testament, soit par codicille, soit par une simple intention revêtue d'aucune forme spéciale (L. 18; D., *De leg.* 3°, XXXII, et L. 3, § 11; D. L. XXXIV, t. IV); il n'est pas cependant sans intérêt de savoir de quelle façon la révocation a été faite; si, en effet, elle a eu lieu par testament ou par codicille, elle opère *ipso jure;* dans le cas inverse, au contraire, elle laisse subsister le fidéicommis, sauf le droit pour le grevé d'invoquer l'exception de dol afin de repousser l'action intentée par le fidéicommissaire (L. 15; D. L. XXXIV, t. IV). La révocation peut être directe ou bien indirecte et résulter dans ce cas de l'attribution du fidéicommis à une tierce personne ou de tout autre fait analogue.

2° L'extinction du fidéicommis résulte du fait de l'héritier. — Il en est ainsi lorsque ce dernier ne fait pas adition (L. 9; D. L. XXVI, t. II); ajoutons cependant que l'adition forcée et la clause codicillaire permettent au fidéicommis de valoir, même en cas d'absence d'adition volontaire de la part de l'héritier; que, même en dehors de toute adition quelconque, les fidéicommis de liberté et ceux qui se trouvaient dans un testament militaire, demeuraient parfaitement valables (L. 2; D. L. XL, t. V; — L. 42; D. L. XL, t. V).

Une difficulté se présente lorsque le disposant a institué plusieurs héritiers et que l'un d'eux renonce au bénéfice de son institution. Les cohéritiers seront-ils tenus, dans ce cas, du fidéicommis mis à la charge du renonçant? Au début, on admit la solution négative (L 29, § 2; D., *De leg.* 2°, L. XXXI). Mais plus tard un rescrit de Sévère et d'Antonin admit l'affirmative, sauf le cas où le disposant aurait formulé une intention contraire (L. 74; D., *De leg.* 1°, L. XXX; — L. 61, § 1; D., *De leg.* 2°, L. XXXI). Cette décision était du reste fort juste; il est tout naturel que la charge du fidéicommis incombe à ceux qui profitent de la renonciation de leur cohéritier (L. 3 pr., D. L. XXIX, t. VII)[1].

3° L'extinction du fidéicommis résulte du fait du fidéicommissaire. — Le fidéicommissaire peut renoncer au bénéfice du fidéicommis, mais, pour que cette renonciation soit valable, il faut qu'elle émane d'une personne capable et qu'elle soit faite après l'ouverture du droit en sa personne. La capacité requise pour la renonciation est la même que celle que l'on exige pour l'acceptation (L. 18; D. L. XXIX, t. II); quant à la renonciation faite avant l'ouverture du droit du fidéicommissaire, elle est nulle, à moins toutefois qu'il ne soit intervenu à ce sujet, entre ce dernier et le grevé, un arrangement ou un pacte (L. 13 pr., D. L. XXIX, t. II; — L. 45, § 1; D., *De leg.* 2°, L. XXXI; — C. 11; C. L. II, t. IV.)

4° L'extinction du fidéicommis résulte de motifs indépendants de la volonté des personnes qui y interviennent.

---

1. On a opposé à cette règle la loi 1, § 9, D., *De leg.* 3°, L. XXXII; mais cette loi n'est pas incompatible avec elle; on peut en effet supposer qu'elle vise le cas où le fidéicommis a été imposé nominativement à l'héritier renonçant et alors elle rentre dans l'exception que nous avons formulée nous-même en donnant la règle générale.

Les principaux de ces motifs sont les suivants :

1° L'incapacité du disposant, du fidéicommissaire ou du grevé ;

2° La perte de l'objet du fidéicommis à la suite d'un cas fortuit ou de force majeure ;

3° L'arrivée du terme ou de la condition résolutoire ;

4° Le non-accomplissement de la condition suspensive.

Reste à savoir à quelles personnes profite le bénéfice du fidéicommis, lorsque celui-ci vient à s'éteindre. Nous distinguerons à ce sujet trois époques dans la législation romaine :

1° Époque qui a précédé Justinien ;

2° Modifications apportées aux règles générales à l'époque des lois caducaires ;

3° Époque de Justinien.

1. *Époque qui a précédé Justinien.* — Deux hypothèses distinctes sont à prévoir : 1° une seule personne doit profiter du fidéicommis. C'est alors au grevé, au fidéicommissaire institué en second ordre, ou bien à la personne substituée au premier fidéicommissaire, que le bénéfice de la disposition parviendra ; 2° plusieurs fidéicommissaires sont appelés collectivement. Contrairement alors à ce qui arrive dans les legs, il n'y aura pas lieu à accroissement[1]. Les règles applicables au cas précédent régiront encore cette hypothèse.

2. *Modifications apportées aux règles générales à l'époque des lois caducaires*[2]. — Les règles que nous allons donner ne s'appliquent pas aux fidéicommis imposés à des héritiers

---

1. Les mêmes raisons qui n'ont pas fait admettre l'accroissement en matière de legs *per damnationem* se retrouvent ici. Ce legs, en effet, de même que le fidéicommis, n'engendre qu'un droit de créance et l'accroissement ne peut se baser que sur un droit de propriété conféré *in solidum*.

2. Ce n'est que le S.-C. Pégasien qui a rendu les lois caducaires applicables aux fidéicommis.

ab intestat, les lois caducaires n'ayant pas trait aux successions non testamentaires. Elles ne s'appliquent pas plus aux dispositions *pro non scriptis*.

Ces réserves faites, voici les règles que l'on appliquait en matière de fidéicommis.

Nous distinguerons deux hypothèses :

a) La charge du fidéicommis est imposée à des héritiers. Dans ce cas, le bénéfice du fidéicommis caduc reviendra dans l'ordre suivant aux personnes que nous allons énumérer et qui sont : 1° les cofidéicommissaires conjoints *patres*, soit *re et verbis*, soit *verbis tantum;* 2° les héritiers grevés *patres;* 3° les légataires et les fidéicommissaires non conjoints *patres;* 4° le fisc. (Gaius, t. II, § 286. — Gaius, t. II, § 207.)

b) La charge des fidéicommis est imposée à des légataires ou bien à des fidéicommissaires gratifiés en premier ordre. Dans ce cas, les règles précédentes s'appliqueront, sauf sur un point : à défaut de cofidéicommissaires conjoints *patres*, ce sera le grevé *pater* qui recueillera le bénéfice du fidéicommis préférablement aux héritiers institués *patres* (L. 60; D., *De leg.* 2°, L. XXXI).

3. *Époque de Justinien.* — Dès avant Justinien, les lois caducaires étaient tombées en désuétude, mais elles ne furent formellement abolies que par cet empereur, dans une constitution datée de l'an 534 de notre ère et qui se trouve au Code, livre VI, titre LI [1].

Par suite de cette abolition et aussi à cause de l'assimilation faite entre les legs et les fidéicommis, l'empereur Justinien fut amené à établir des règles nouvelles et communes aux legs et fidéicommis en matière d'accroissement.

---

1. L'empereur Constantin avait déjà aboli ces lois au point de vue des peines du célibat et de l'*orbitas*, mais ils les avait laissées subsister au point de vue des *proemia patrum* (année 239 de notre ère). (C. 1; C. L. VIII, t. LVIII).

Trois hypothèses peuvent être distinguées à cette époque : ou bien il y a *conjunctio re et verbis*, et dans ce cas l'accroissement est facultatif ; ou bien il y a *conjunctio re tantum*, et alors l'accroissement est forcé ; ou bien enfin il y a *conjunctio verbis tantum*, et l'accroissement n'a pas lieu.

TABLE DES MATIÈRES

1re PARTIE

2e PARTIE

DES CONTRE-LETTRES

DES CONTRE-LETTRES

DÉFINITION

Qu'est-ce qu'une contre-lettre?

A en juger par le nombre et la diversité des définitions qui en ont été données, la réponse à cette question serait bien difficile. Nous n'avons pas l'intention de les citer toutes, chaque auteur ayant à peu près la sienne. Qu'il nous suffise d'en citer et apprécier quelques-unes empruntées à des auteurs récents et des plus autorisés.

MM. Aubry et Rau définissent la contre-lettre : « Un écrit « destiné le plus souvent à rester secret, par lequel les signa- « taires déclarent que les conventions ou déclarations con- « signées dans un autre acte passé entre eux, ne sont pas « sérieuses, ou qu'elles ont eu lieu sous certaines clauses ou « conditions qui ne sont pas énoncées dans cet acte, et rétrac- « tent ainsi ou modifient ces conventions ou déclarations. » (Aubry et Rau, t. VIII, § 756 *bis*.)

A son tour, M. Larombière s'exprime ainsi : « Une contre- « lettre, destinée le plus souvent à demeurer secrète, a pour « but et pour résultat de modifier plus ou moins profondé- « ment le caractère, le sens et les effets de l'acte apparent et « primitif, en établissant entre elle et lui une contradiction, « une opposition plus ou moins marquée ; quelquefois même « elle en prononce formellement l'annulation et le déclare « expressément nul et non avenu ; tantôt la contre-lettre ré-

« tablit la vérité qui avait été dissimulée dans l'acte apparent ;
« tantôt au contraire elle contient elle-même un déguisement
« et une simulation. » (Larombière, *Th. et Pr. des Obligations,*
t. IV, p. 285.)

Enfin M. Demolombe définit la contre-lettre : « Un acte
« secret, qui annule en tout ou en partie un autre acte osten-
« sible, lequel est par cela même un acte simulé. » (Demolombe, t. XXIX, p. 305.)

De ces trois définitions aucune ne saurait pleinement nous
satisfaire. Les deux premières ne mettent pas suffisamment
en relief la simulation, qui pourtant forme l'élément caractéristique et constitutif de toute contre-lettre ; la troisième
seule échappe à cette critique. Mais toutes trois ont les dé-
fauts communs de ne pas comprendre dans leurs termes la
contre-lettre verbale, dont l'existence n'est pourtant mise en
doute par personne, de ne pas nettement séparer les écrits et
modes de preuve des éléments juridiques qu'ils servent à
établir, et enfin de ne pas se baser sur une étude parfaitement exacte de la simulation.

Tenant compte de ces critiques, nous croyons pouvoir
définir la contre-lettre :

Un écrit ou tout autre mode de preuve établissant la simulation soit absolue, soit relative, soit totale, soit partielle d'un
acte juridique.

Mais pour bien comprendre cette définition, une étude de
la simulation est absolument nécessaire. C'est par là que
nous allons commencer.

CHAPITRE Iᵉʳ

Théorie générale de la simulation.

———

SECTION Iʳᵉ

GÉNÉRALITÉS

Prise dans un sens absolument général, et comme terme synonyme de feinte, la simulation est le fait volontaire d'essayer, à l'aide de paroles, d'écrits et d'un ensemble d'actes, de remplacer la réalité par une fiction que l'on affirme et qui la contredit, le tout dans le but d'induire autrui en erreur.

La simulation, disons-nous, est un fait volontaire..... Il ne suffit pas en effet de concevoir tout ce que comporte la simulation et les moyens qui serviront à la réaliser ; il faut encore passer de la conception à l'acte et dès lors faire intervenir la volonté d'une façon active.

Un individu est en parfaite santé et bon pour le service militaire ; il en a la ferme conviction et désire néanmoins se faire exempter. A cet effet, il conçoit l'idée de simuler une maladie quelconque capable de le faire réformer. Il n'y a pas encore là simulation de sa part. Il faut de plus qu'il se décide à employer tous les moyens possibles pour rendre vraisemblable cette fiction et la faire admettre par ceux qui seront chargés de l'examiner, par les membres du conseil de révision. Cette résolution, s'il la prend, formera l'un des éléments indispensables et constitutifs de la simulation.

Nous ajoutons ces mots : d'essayer à l'aide de paroles,

d'écrits et d'un ensemble d'actes..... Ces termes n'ont pas
besoin de longues explications. Il est évident que la simulation, tant qu'elle ne se produit pas au dehors et ne se revêt
point d'apparences trompeuses, n'est qu'un fait sans aucune
portée. Pour qu'elle acquière de la valeur, il faut nécessairement qu'elle se manifeste sous des formes sensibles et extérieures. Ces formes sont suffisamment indiquées par notre
définition, pour qu'il soit inutile d'insister.

Enfin nous terminons par ces mots : de remplacer la réalité par une fiction que l'on affirme et qui la contredit, le
tout dans le but d'induire autrui en erreur.

Que faut-il entendre par ces termes, réalité et fiction? La
réalité n'a guère besoin d'être définie ; elle est évidemment
ce qui est, c'est-à-dire l'ensemble des êtres et des faits tels
qu'ils existent et en tant qu'ils existent ou n'existent pas.
Mais il n'est pas aussi facile de se faire une idée nette et
précise de la fiction. Nous croyons pouvoir la définir : ce qui
n'est pas, mais ce que l'on imagine être ; elle est donc une
simple conception, une pure création de l'esprit, une idée
sans objet qui lui corresponde dans la réalité des choses. Or,
comme nous l'avons dit un peu plus haut, la réalité se compose de ce qui est en tant qu'il existe ou n'existe pas. La
fiction dès lors, lui étant corrélative, aura elle aussi deux
aspects divers. Ou bien elle prendra naissance à l'occasion
d'un être ou d'un fait qui existent et alors elle consistera à
les présenter soit comme n'existant pas, soit comme existant
autrement qu'ils ne sont. Ou bien l'être et le fait n'existeront
pas et alors la fiction consistera à les présenter comme existant et comme existant d'une certaine façon. Mais, dans les
deux cas, la fiction n'engendrera qu'une inexistence, une
non-réalité.

Ces deux définitions données, il est facile de comprendre

les termes que nous avons employés pour déterminer la nature de la simulation. Cette dernière consiste évidemment à concevoir et affirmer la fiction dans le but de lui faire prendre la place de la réalité, ce qui amène, par voie de conséquence, à nier implicitement cette dernière et à tromper autrui.

Prise dans ce sens tout à fait général, la simulation a un domaine très étendu. On peut dire sans exagérer qu'il est aussi vaste que celui du droit lui-même et qu'il s'étend à tous les rapports juridiques existant entre les particuliers et à tous les éléments qui les composent. C'est ainsi que la simulation peut intervenir tantôt au sujet des personnes, tantôt au sujet des choses, tantôt enfin au sujet des faits ou des événements. Relativement aux personnes, elle aura trait soit à la personne physique, soit à la personne juridique, en tant qu'on la considère sous le rapport de son état et de sa capacité ou bien sous le rapport de ses droits et obligations. Relativement aux choses, elle portera soit sur leur existence, soit sur leur nature et leurs qualités. Enfin, relativement aux faits et aux événements, elle pourra se référer non seulement à leur existence et à leur nature, mais encore à leur date et à leurs conséquences.

Ajoutons qu'à ce titre la loi elle-même simule, quand elle crée des fictions. En effet, de hautes considérations d'intérêt public et social ont amené parfois le législateur à déroger aux règles d'une logique rigoureuse pour donner à une fiction la même valeur qu'à la réalité. Mais, en principe, ce droit n'appartient qu'à lui et prend sa source dans la volonté supérieure et la toute-puissance dont il est investi. Les particuliers ne le possèdent à aucun titre et se trouvent à ce point de vue dans un état d'impuissance complète et absolue. Si les fictions qu'ils créent obtiennent parfois créance devant la loi, c'est uniquement parce que cette dernière est dans l'impossibilité de les découvrir toutes et que souvent elle les ignore, ou bien parce qu'elle l'a jugé à propos et a fait la simulation en quelque sorte sienne dans certains cas particuliers. Comme ce dernier fait se présente en matière de contre-lettre, nous avons tenu à le signaler dès maintenant.

SECTION II

SIMULATION DES ACTES JURIDIQUES

Pour qu'il y ait contre-lettre, il faut nécessairement la présence d'une simulation. C'est là une chose incontestable et qui n'est plus à démontrer.

Malheureusement, il ne suffit pas de constater une simulation quelconque pour pouvoir affirmer de suite et par voie de conséquence l'existence corrélative d'une contre-lettre. Il faut encore que la simulation présente certains caractères spéciaux qu'il s'agit de déterminer. Cette tâche n'est pas très facile.

Nous croyons la remplir dans une mesure satisfaisante, en exigeant de la simulation qu'elle réunisse les quatre conditions suivantes pour donner lieu à une contre-lettre :

1) Qu'il y ait un acte juridique fictif en totalité ou en partie ;

2) Qu'il intervienne un accord, soit entre ceux qui accomplissent cet acte, s'il est bilatéral, soit entre celui qui l'accomplit et celui qu'il vise directement, s'il est unilatéral ;

3) Que la simulation porte sur la volonté qui intervient dans l'acte juridique en question ;

4) Qu'enfin les parties à la simulation aient eu en agissant

un but parfaitement déterminé et convenu entre elles d'un
commun accord.

*1) Qu'il y ait un acte juridique fictif en totalité ou en
partie.*

Nous entendons par un acte juridique toute déclaration
de volonté, tout fait et toute convention, émanant de la
libre initiative des individus et ayant pour but et pour résultat soit de faire naître des droits et obligations, soit de les
éteindre. Nous rangerons en cette qualité et à titre d'exemples : dans la catégorie des déclarations de volonté, la reconnaissance d'enfant naturel et le testament ; dans la catégorie
des faits, les apports et les paiements ; enfin, dans la catégorie des conventions, l'adoption, le mariage et en général
tous les contrats synallagmatiques et unilatéraux.

Nous verrons du reste un peu plus loin que ces actes juridiques n'ont pas besoin d'être réels et sérieux et qu'ils sont
au contraire toujours fictifs, soit en totalité, soit en partie.
La simulation porte sur leur existence et il y a dès lors ce que
nous appellerions volontiers simulation d'acte juridique.

*2) Qu'il intervienne un accord, soit entre ceux qui accom-
plissent cet acte, s'il est bilatéral, soit entre celui qui l'accomplit et celui qu'il vise directement, s'il est unilatéral*[1].

Cette deuxième condition dérive du but même que pour-
suivent ceux qui accomplissent l'acte juridique en question.

---

1. (Cass. 20 déc. 1876 ; S. 77, 1, 155.) « Attendu, en droit, que la contre-
« lettre implique un acte patent de convention créée ou à créer, en vue
« d'établir une situation apparente et fausse, que la contre-lettre a précisé-
« ment pour objet de contredire secrètement, en fixant la véritable convention
« des parties ; attendu, dès lors, que la contre-lettre suppose le concert et
« l'accord des deux parties, à l'effet de dissimuler leur convention et d'y
« substituer ostensiblement, dans un intérêt particulier, pour tous autres
« que pour elles-mêmes et pour elles seules une convention purement
« fictive. »

Ce but est double : les simulants désirent, en effet, que d'une part la fiction soit considérée comme réalité et produise à ce titre des effets à l'égard de certaines personnes, mais que, d'autre part, elle reprenne son vrai caractère soit dans leurs rapports réciproques, soit dans ceux qu'ils ont avec des personnes déterminées. Or, pour réussir à ce double point de vue, il faut nécessairement qu'ils s'entendent soit entre eux, soit avec ces personnes dont la complicité leur est nécessaire ; autrement ils s'exposeraient à l'alternative suivante, absolument inévitable et qui ne répondrait nullement à leurs intentions : ou bien la fiction prévaudrait sur la réalité à l'égard de tout le monde, ou bien l'inverse se produirait. Ni l'une ni l'autre de ces solutions ne saurait évidemment leur plaire.

Cet accord est donc nécessaire entre ceux que nous appellerons désormais les simulants ou les parties à la simulation ; il devra se produire avant ou tout au moins lors de l'accomplissement de l'acte juridique fictif, s'il est bilatéral ; il pourra se produire encore après dans le cas d'acte unilatéral, mais dans ce cas seulement.

· Cette règle ne nous semble recevoir qu'une seule exception, qui se présente en cas de legs par interposition de personnes. Il n'est pas nécessaire alors qu'il existe un accord entre le testateur et la personne interposée ; il suffit que le testateur n'ait pas voulu gratifier en réalité le légataire apparent. (Nîmes, 14 janvier 1874 ; S. 74, II, 174.)

3) Que la simulation porte sur la volonté qui intervient dans l'acte juridique en question.

Cette troisième condition est la plus importante de toutes ; aussi est-il nécessaire d'en bien déterminer la portée.

Nous avons vu précédemment, en étudiant la simulation en général, que cette dernière pouvait porter sur les personnes, sur les choses et sur les faits ou les événements; que, par rapport à chacun de ces éléments juridiques, elle pouvait atteindre tant leurs qualités physiques que leurs qualités juridiques. Mais parmi toutes ces sortes de simulations, l'une d'entre elles doit spécialement attirer notre attention : c'est celle qui porte sur l'individu en tant qu'il manifeste une volonté, qu'il donne un consentement et que par suite il établit volontairement des rapports juridiques entre lui et d'autres individus. C'est cette dernière simulation qui est nécessaire pour qu'il y ait contre-lettre.

Mais encore s'agit-il de préciser.

La simulation, avons-nous dit plus haut, peut présenter une double face : ou bien elle consiste à faire considérer une chose comme n'existant pas alors qu'elle existe, et dans ce cas elle prend le nom spécial de dissimulation; ou bien elle consiste, à l'inverse, à faire considérer la chose comme existante alors qu'elle n'existe pas, et dans ce cas elle garde le nom générique de simulation.

Or, ce qui est vrai pour toute chose en général, l'est aussi pour un acte juridique en particulier et pour la volonté qui lui donne naissance. Dès lors la simulation consistera à faire croire, suivant les circonstances, soit à leur existence, soit à leur inexistence, mais toujours d'une façon mensongère et contraire à la réalité. On feindra en définitive soit une volonté qui n'existe pas en réalité, soit l'absence de cette volonté, quoiqu'elle ait parfaitement existé.

Cela posé, il s'agit de savoir sur quels éléments des actes juridiques cette simulation spéciale peut intervenir et quelle influence elle peut avoir sur leur existence totale ou partielle.

La simulation dont nous parlons, c'est-à-dire la simulation d'intention ou de volonté, peut porter : 1) sur la réalisation même de l'acte; 2) sur les personnes qui y interviennent;

(3 sur les obligations qu'il engendre; 4) sur les clauses et conditions qui s'y rattachent.

Supposons d'abord qu'elle porte sur la réalisation même de l'acte juridique. Dans ce cas, la situation sera fort simple. Les parties chercheront à faire accroire que l'acte a été accompli, ou ne l'a pas été, suivant qu'elles useront de simulation ou de dissimulation, et toujours d'une façon mensongère. Mais remarquons bien que ces simulations ou dissimulations ne changeront rien à la réalité des choses.

S'il y a simulation, c'est-à-dire accomplissement fictif d'un acte et consentement fictif donné à cet accomplissement, l'acte est inexistant, comme n'ayant pas été consenti, et cela après comme avant la simulation. Pour qu'un acte juridique prenne naissance, par cela même qu'il doit cette naissance à l'initiative des particuliers, il faut de la part de ces derniers la volonté de l'accomplir; l'acte n'existe en principe qu'autant que cette volonté existe elle-même; d'où il résulte que, soit qu'elle fasse défaut, soit qu'elle ne se trouve être ni réelle, ni sérieuse, le résultat est le même, c'est-à-dire que l'acte est non seulement nul, mais encore inexistant.

Si au contraire il y a dissimulation, l'acte réellement consenti et accompli ne peut être annihilé par cela seul qu'on le tient secret et que l'on fait en même temps un acte fictif devant servir à le céler. Il reste ce qu'il est et ne peut être détruit que par un nouvel acte réel et sérieux.

Supposons maintenant que la simulation de volonté porte soit sur les personnes qui y interviennent, soit sur les obligations qu'il engendre, soit enfin sur les clauses et conditions qui s'y rattachent.

Dans ce cas, la simulation consistera à faire croire faussement que certains rapports juridiques se sont formés dans telles ou telles conditions entre des personnes déterminées, alors qu'il n'en sera rien soit à l'un, soit à quelques-uns de ces points de vue.

La dissimulation consistera, de plus, à cacher sous des apparences trompeuses les véritables rapports juridiques, tels qu'ils ont été voulus et consentis.

Mais ici encore, comme nous l'avons déjà fait plus haut, nous constaterons que la simulation et la dissimulation ne changent rien à la réalité. Ce ne sera jamais que l'acte juridique réel qui aura de la valeur et cela dans les termes et dans les conditions où il aura été consenti.

Terminons ces explications par quelques remarques.

Tout d'abord, nous constaterons que si la simulation porte sur l'un des éléments essentiels de l'acte, le caractère fictif qu'elle lui imprime a son contre-coup sur l'acte tout entier qui dès lors, lui aussi, présente le même caractère de fiction et d'inexistence. C'est ce qui arrivera en cas de simulations portant, soit sur les personnes qui accomplissent l'acte juridique, soit sur les objets de leurs obligations. Mais c'est ce qui n'arrive pas lorsque la simulation n'a trait qu'aux clauses et conditions de l'acte : dans ce cas, en effet, sa portée est moins grande et n'entraîne pas l'inexistence de l'acte où elle intervient; elle ne porte que sur une de ses clauses ou conditions et l'existence de ces dernières; son importance est donc toute relative. Aussi, croyons-nous, vu ce peu d'importance, vu les difficultés extrêmes de la preuve en cette matière, et vu enfin l'extrême facilité avec laquelle on peut confondre pareille simulation avec la simple modification de clauses préexistantes réelles et sérieuses, qu'il ne doit se trouver en pratique que fort peu d'exemples de l'application à ce cas des règles spéciales aux contre-lettres.

Quoi qu'il en soit, du reste, de cette simulation particulière, il est certain que dans toutes celles dont nous venons de parler, c'est toujours sur l'intention, sur le consentement, sur la volonté des parties, en un mot, que portent les efforts des simulants. Ce n'est en effet que sur cet élément de l'acte juridique que les parties ont une prise réelle et efficace, et ce n'est que par lui seul qu'elles peuvent à volonté le faire naître ou ne pas le faire naître, le créer et le dissoudre. C'est là le trait caractéristique qui révèle la présence d'une contre-lettre.

4) Qu'enfin les parties à la simulation aient eu, en agissant, un but parfaitement déterminé et convenu entre elles d'un commun accord.

Comme tout fait de l'homme et surtout tout fait réfléchi de sa part, la simulation doit avoir un but. Ce but consiste, dans la simulation proprement dite, à faire considérer comme réel et sérieux un acte juridique fictif, et, dans la dissimulation, à cacher un acte réel sous les apparences d'un acte fictif.

Mais cette distinction de la simulation en simulation proprement dite et en dissimulation n'est pas formulée d'ordinaire en ces termes par les auteurs. Aussi, pour nous conformer à leur langage, appellerons-nous dorénavant la simulation proprement dite simulation absolue, et la dissimulation, simulation relative.

Ces quatre conditions, que nous venons de formuler, nous semblent suffire pour déterminer, dans tous les cas qui peuvent se présenter, s'il y a ou s'il n'y a pas contre-lettre.

SECTION III

DE LA SIMULATION ABSOLUE DES ACTES JURIDIQUES

Cette simulation existe lorsqu'en accomplissant un acte juridique les parties n'y ont apporté qu'une volonté fictive et n'existant qu'en apparence.

Elle exige donc deux éléments bien distincts :

1) Le caractère fictif de l'intention ou du consentement;

2) La constatation légale d'un acte juridique comme fait en vertu d'une volonté réelle et sérieuse.

1) Le caractère fictif de l'intention ou du consentement.

Il faut donc pour cela que les parties à la simulation supposent, par un acte d'imagination, qu'elles réalisent et accomplissent l'acte juridique. Mais quelle est alors la valeur de cet acte imaginaire? Logiquement, elle est nulle et l'acte est inexistant. L'intention ou le consentement en sont en effet la base fondamentale, et si cette base fait défaut, rien n'existe. Un acte juridique ne naît que par la volonté et l'initiative des individus et ne peut naître sans cela; il est donc impossible qu'il résulte d'une cause fictive et simulée.

Mettons ce point en lumière à l'aide de quelques exemples :

Un individu est au-dessous de ses affaires et à la veille d'une déconfiture; il s'entend avec un tiers pour supposer des conventions de vente ou de prêt intervenues entre eux deux; mais il est bien certain que ces conventions n'ont pas été consenties par eux et que les rapports qui naissent entre vendeurs et acheteurs, ou bien entre prêteurs et emprunteurs ne doivent pas naître d'après leur commune intention. Il y a là évidemment inexistence de ces conventions par manque de consentement.

Deux personnes ont fait une vente dont le prix est payable à terme. Lors de l'échéance, l'acheteur ne paie pas, mais a grand intérêt à faire croire à la libération de sa dette pour augmenter ou maintenir son crédit. Le vendeur lui donne une quittance de complaisance, tout en réservant ses droits. Ici la simulation consiste non pas seulement à considérer comme existant un paiement qui n'a pas été réalisé en fait, mais de plus, et c'est là le point capital, à considérer comme existant un paiement que le débiteur n'avait nullement l'intention de faire. Un paiement suppose nécessairement deux choses : la remise de la somme et la volonté de payer, le fait matériel et l'intention. Il faut, en effet, ne pas confondre le paiement en tant qu'acte juridique émanant de l'initiative des individus et le paiement en tant que simple mode d'extinction des obligations ; l'un exige l'intention, tandis que l'autre ne l'exige pas nécessairement.

Il nous serait facile de multiplier les exemples. Nous nous contenterons de constater, d'une façon générale, que dans tous ces actes juridiques entachés d'une simulation absolue, il manque un élément essentiel et indispensable à leur existence, la volonté réelle et sérieuse de les accomplir.

2) La constatation légale d'un acte juridique comme fait en vertu d'une volonté réelle et sérieuse.

Il ne faut pas oublier qu'il n'y a de vrai et de réel aux yeux de la loi que ce qui est établi et démontré selon des modes de preuve déterminés et essentiellement limités. Tout le reste se trouve sans valeur et ne reçoit pas sa sanction. Or, cette nécessité de revêtir certaines formes matérielles et extérieures, qui s'impose même à la réalité, pour qu'elle puisse produire légalement des effets, doit s'imposer à plus forte raison à la fiction. Il faudra donc que les parties à la simulation appuient leurs affirmations sur des écrits authentiques ou sous seings privés, sur des témoignages, sur des présomptions habilement ménagées, voire même sur des serments, des aveux ou des jugements obtenus par surprise. Ce n'est qu'avec ces moyens de preuve que la fiction pourra espérer obtenir créance auprès des tiers et des juges. Les simulants se voient donc obligés de faire constater comme réelle et sérieuse la volonté fictive qu'ils ont exprimée lors de l'accomplissement des actes juridiques simulés et par suite l'existence de ces derniers, alors qu'ils sont un pur néant.

SECTION IV

DE LA SIMULATION RELATIVE DES ACTES JURIDIQUES

La simulation absolue, dont nous venons de nous occuper, n'est pas la plus fréquente en pratique, et la chose est facile à concevoir. Son but est en effet très limité et ses résultats fort restreints; de plus, elle ne sert le plus souvent que les intérêts de l'une des parties à la simulation. D'ordinaire, l'autre partie n'en retire aucun avantage et il est très compréhensible, dans ces conditions, que sa complicité ne soit pas facile à obtenir.

Il en est tout autrement dans la simulation relative. Toutes les parties à la simulation ont alors, le plus souvent, intérêt à la faire réussir par suite des avantages qu'elles en retirent. La communauté d'intérêts qui existe entre elles les amène par suite à s'entendre avec plus de facilité et plus de fréquence.

Comme la simulation absolue, la simulation relative suppose les deux éléments, au sujet desquels nous avons donné plus haut des explications assez étendues pour qu'il soit inutile d'y revenir à présent. Mais, de plus, elle exige une convention accessoire et réelle intervenue ou à intervenir entre les simulants et qui est la raison d'être de toutes leurs machinations. Cette convention, comme nous venons de le dire, peut être soit antérieure, soit concomitante, soit enfin postérieure à l'acte juridique simulé; de plus, elle peut être soit verbale, soit écrite, soit même tacite, comme toute autre convention ordinaire; tout ce qu'il faut, mais ce qu'il faut nécessairement, c'est qu'elle existe.

Pour procéder comme précédemment, nous allons donner quelques exemples, en les groupant en trois classes distinctes :

1) Les simulations relatives dans lesquelles la seconde convention est d'une autre nature que l'acte simulé, sans être toutefois un mandat;

2) Les simulations relatives où la seconde convention est de même nature que l'acte simulé;

3) Les simulations relatives où la seconde convention est un mandat.

Chacune de ces classes peut elle-même se subdiviser suivant que l'acte apparent est simulé en tout ou en partie et que, par suite, l'acte réel vient le remplacer soit pour la totalité, soit seulement pour la partie où le premier se trouve entaché de simulation.

1) Simulations relatives dans lesquelles la seconde convention est d'une autre nature que l'acte simulé, sans être toutefois un mandat.

Deux individus font une vente fictive. Il est bien entendu entre eux que le vendeur ne réclamera pas de prix et que l'acheteur ne recevra pas la chose en vertu de cette vente. Leur consentement, en somme, n'est aucunement intervenu au sujet de cet acte juridique. Néanmoins, ils rédigent l'acte de vente, le font enregistrer et transcrire. Voilà l'acte juridique fictif. Ce qu'ils ont voulu faire d'un commun accord, c'est une donation; voilà bien la convention réelle. Mais comment réaliseront-ils cette dernière? Sans doute le vendeur pourrait donner à l'acheteur un écrit constatant qu'il y a eu donation et non vente. Mais ce serait là absolument l'enfance de l'art, et nous croyons que ce moyen rudimentaire ne sera jamais employé.

Les parties au contrat de vente, que ce dernier soit fictif ou réel, considéreront toujours son existence comme indiscutable et se serviront de cette idée comme d'un point de départ qui réglera toute leur conduite.

Elles simuleront un paiement, autre acte juridique qui n'est réalisé ni en fait, ni en droit, mais constaté mensongèrement dans une quittance que le vendeur donne à l'acheteur. C'est cette quittance qui est l'écrit simulé et le seul important dans notre matière ; la vente fictive ou réelle qui la précède ne sert qu'à lui préparer les voies. Nous verrons plus tard qu'il y a néanmoins une distinction profonde à faire, suivant que la vente est fictive ou réelle.

Il est facile de concevoir, à la suite de ces explications, comment l'on procédera lorsque la simulation n'est que partielle. En cas de vente réelle, il y aura simplement paiement fictif pour partie, tandis qu'au cas où la simulation s'attaquera même à la vente, cette dernière elle-même sera fictive pour partie.

Une malade est à la veille de sa mort. Elle veut gratifier son médecin et lui faire une donation importante. A cet effet, ils s'entendent pour simuler un mariage, ce qui leur permettra de réaliser l'acte de libéralité. Ils remplissent toutes les formalités à cet effet et le mariage a lieu. Mais il est bien entendu entre eux que le consentement qu'ils donnent à leur union est totalement fictif et qu'ils ne se considéreront jamais comme mari et femme. Il n'y a donc pas de consentement de leur part et pas de mariage. Tout ce qui est intervenu entre eux, c'est une convention de donation.

Pierre doit à Paul une certaine somme pour fait de jeu ; il y a là une convention réelle et qui, dans ce cas particulier, est antérieure à la simulation. Il lui signe un billet non causé ou causé pour prêt. Tous deux veulent évidemment

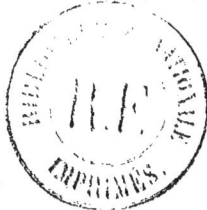

faire croire par là à l'existence d'une convention quelconque, de prêt ou autre, laquelle n'existe que dans leur imagination et n'a nullement été consentie par eux.

Un individu renonce à une succession pour en faire profiter un autre; il y a là donation indirecte et non simulation, car c'est bien une renonciation qu'il a voulu faire. Il renonce, mais s'entend avec celui qui en profitera pour qu'il lui en rende le bénéfice; il y a là simulation absolue, puisque la renonciation n'a pas été sérieuse. Enfin, supposons que le renonçant et l'acceptant s'entendent pour tenir la renonciation comme non avenue et se partager la succession comme si elle n'avait pas eu lieu, il y aura simulation relative [1].

2) Simulations relatives où la seconde convention est de même nature que la première.

Des héritiers se hâtent de faire un partage fictif pour empêcher leurs créanciers de faire opposition et d'intervenir à leurs opérations; il y a là simulation absolue. Ils font immédiatement et en secret un partage réel; il y a là simulation relative. Ils dissimulent une partie de l'actif et se le partagent en secret; l'acte apparent sera entaché de simulation relative et partielle.

Primus fait avec Secundus une vente pour un certain prix, vente bien réelle; mais ils dressent un écrit constatant un prix inférieur. La simulation consiste à faire croire que la vente n'existe que pour le prix inférieur et non pour la différence entre les deux prix. On veut affirmer l'existence d'une vente dans des termes où elle n'a jamais été consentie.

---

1. Voir à ce sujet une note très intéressante au bas d'un arrêt récent. (Cass. 10 nov. 1880; S. 81, I, 97.) L'auteur de cette note considère une renonciation pareille comme devant être annulée, et nous y souscrivons volontiers; nous irons même plus loin, et nous la considérons comme non sérieuse et inexistante.

Il y a mélange de vente réelle et de vente fictive, et, par suite, simulation relative et partielle.

3) Simulations relatives où la seconde convention est un mandat.

Cette espèce de simulation correspond à ce que l'on appelle d'ordinaire l'interposition de personnes et le mandat prête-nom. Qu'elle porte l'un ou l'autre de ces deux noms, elle suppose toujours les mêmes éléments, c'est-à-dire un acte juridique ostensible et fictif et un mandat réel et secret; mais ce qui les distingue essentiellement, c'est que l'interposition de personnes ne se rencontre que dans les actes de disposition à titre gratuit, tandis que le mandat prête-nom est une forme générale qui peut s'employer pour toutes les conventions.

a) *Interposition de personnes.* — Un individu veut faire une libéralité à une personne, mais, pour un motif quelconque, il désire ne pas le faire directement. Dans ce but, il fait une donation ou un legs en faveur d'un tiers, mais s'entend avec ce dernier ou bien lui fait comprendre que cet acte est fictif et que le véritable bénéficiaire est telle personne déterminée. Le don ou le legs ostensible n'existe donc pas, puisque la personne qui s'y trouve visée n'en retire aucun avantage et puisque surtout l'intention du gratifiant n'est pas d'avantager le prétendu gratifié. Il n'y a, en somme, qu'un mandat donné à ce dernier de faire parvenir le bénéfice du legs au destinataire; il y a ce que l'on appelle un contrat de fiducie. Par cette voie détournée on arrive, en dernière analyse, au même résultat que s'il y avait eu don ou legs direct en faveur du véritable destinataire, puisque ce dernier pourra se prévaloir des véritables intentions du gratifiant pour obtenir l'exécution du mandat, en admettant toutefois qu'il ait la capacité de recevoir à titre gratuit.

b) *Mandat prête-nom.* — Un mandat de cette sorte suppose l'accomplissement d'un acte juridique quelconque de la part d'un individu qui, au lieu d'agir en son propre nom, agit en réalité au nom d'une tierce personne et comme mandataire de celle-ci. Mais pour qu'il y ait contre-lettre, cela ne suffit pas; il faut encore que le prête-nom ainsi que ceux avec qui et pour qui il agit, soient d'accord sur l'emploi de la simulation. C'est là ce que nous allons essayer de démontrer. Pour plus de clarté dans nos explications, nous appellerons dorénavant tiers, la personne avec laquelle le prête-nom accomplit l'acte juridique, et mandant, celle au nom de laquelle il l'accomplit.

Il n'y a, selon nous, que trois hypothèses possibles en cas de prête-nom et ce sont les suivantes : ou bien le tiers ignore la qualité du prête-nom, ou bien il la connaît mais ne consent pas à ce que l'acte juridique se réalise en la personne du mandant, ou bien enfin il la connaît et admet toutes ses conséquences. Examinons ces hypothèses diverses.

Supposons d'abord que le tiers ignore la qualité du prête-nom, ou bien qu'il la connaisse mais ne consente pas à ce que l'acte juridique se réalise en la personne du mandant. La situation est la même dans les deux cas :

C'est alors en la personne du prête-nom lui-même et en sa personne seule que se réaliseront les effets de l'acte juridique et cela qu'il le veuille ou qu'il ne le veuille pas. Il ne faut pas oublier en effet que c'est avec lui seul que le tiers a voulu agir et que l'acte juridique n'existe et n'a été consenti qu'en tant qu'il établit des rapports entre le tiers et le prête-nom. Ce dernier invoquerait en vain sa qualité de mandataire. Il est lié par les termes de l'acte et par le consentement qu'il y a donné. Ni lui, ni son mandant ne peuvent en changer la portée. Un principe élémentaire de droit s'y oppose absolument et peut se formuler ainsi : Nul ne peut s'engager et stipuler en son propre nom pour autrui; ce qui veut dire dans le cas présent : nul ne peut par sa seule volonté, même en recevant mandat d'un autre, transporter les droits et obligations qui résultent pour lui d'un acte juridique sur la tête de cet autre, si la personne avec laquelle il a accompli l'acte juridique s'y oppose ou n'en sait rien ; il faut absolument un nouvel acte, où le tiers n'a nul besoin d'intervenir, pour arriver à ce résultat.

Supposons maintenant que le tiers connaisse la qualité du prête-nom et en admette toutes les conséquences. Qu'arrivera-t-il alors? Une chose bien simple : l'acte juridique se réalisera en la personne du mandant et le prête-nom sera complètement mis hors de cause. On arrivera donc à ce résultat de faire accroire à un acte juridique intervenu entre le tiers et le prête-nom, acte qui n'existe pas et qui cache celui qui est intervenu entre le tiers et le mandant, le seul qui soit réel. Nous avons donc là tous les caractères exigés pour l'existence d'une contre-lettre.

Il ne faut pas confondre le mandat prête-nom tel que nous venons de l'étudier avec ce que l'on appelle parfois simplement prête-nom, c'est-à-dire la situation d'un individu propriétaire d'une chose en apparence et qui n'est au fond que simple administrateur. Il y a dans ce cas simulation absolue et la complicité des tiers n'est nullement exigée pour qu'il y ait contre-lettre.

Résumé.

Terminons cette étude théorique de la simulation et des contre-lettres par un coup d'œil rétrospectif et d'ensemble.

Tout individu qui allègue l'existence d'une contre-lettre affirme ou bien le caractère absolument fictif d'un acte juridique, ou bien son caractère relativement fictif; dans le premier cas, il faudra qu'il prouve que la volonté des parties qui y sont intervenues était simulée et inexistante, et que, par suite, elle n'a pu donner aucune réalité à l'acte; dans le second cas, il lui faudra prouver de plus l'existence d'un autre acte réellement consenti par les parties.

Ce sont ces preuves diverses qui constituent la contre-lettre dans le sens logique et rationnel de ce mot. Cette dernière n'est en fin de compte que le retour à la réalité des choses, tandis que la lettre, l'acte ostensible, contient une fiction. Notre définition précédemment donnée se trouve donc justifiée.

Malheureusement, de graves confusions ont souvent été faites à ce sujet. Par un abus de langage qu'on ne saurait justifier à notre avis, on a parfois confondu, tout au moins en cas de simulation relative, la contre-lettre avec l'acte fictif. C'est ce qui est arrivé dans certains cas où la convention réelle est faite antérieurement à l'acte fictif; dans ces circonstances et en commettant une inexactitude évidente, on suit l'ordre des dates et l'on donne le nom de contre-lettre à l'acte fictif, sans s'occuper s'il en présente vraiment les caractères.

Prenons un exemple :

Primus doit à Secundus une certaine somme pour fait de jeu; il lui signe un billet causé pour prêt; ce billet dans le langage courant s'appellera contre-lettre; nous appellerons au contraire de ce nom le contrat de jeu intervenu entre eux d'une façon antérieure et réelle. C'est lui en effet qui prouve la simulation du billet et qui rétablit la vérité des choses.

Du reste, il n'y a que notre manière de voir qui permette de définir d'une façon sérieuse, exacte et nette, la contre-lettre. Nous croyons donc devoir la maintenir.

CHAPITRE II

La simulation est-elle licite?

Posée en ces termes, il est difficile de donner à cette question une réponse catégorique. Aussi n'y a-t-il rien d'étonnant que l'affirmative et la négative aient été soutenues à tour de rôle et avec des chances à peu près égales. Pour notre compte, nous sommes d'avis qu'il n'est possible de trancher la difficulté qu'à l'aide de plusieurs distinctions.

Tout d'abord, nous en ferons une première, qui est capitale, suivant que la simulation est absolue ou relative.

Dans la simulation absolue, l'intention des simulants est double : d'une part, ils cherchent à faire usurper la place et les droits d'un acte réel à un acte fictif et inexistant, et d'autre part à rétablir dans leurs rapports réciproques la réalité et à lui faire reprendre toutes ses prérogatives. En ce qui concerne la première de ces intentions, elle est évidemment impossible à réaliser. Comme nous l'avons dit plus haut, les simples particuliers ne peuvent, de leur seul gré, faire produire des effets à un néant et par contre empêcher que la réalité ne produise les siens. C'est là un privilège qui n'appartient qu'au législateur seul. Mais de ce que cette intention est impossible à réaliser, il n'en résulte pas qu'elle soit illicite; la loi n'a qu'à ne pas tenir compte d'une pareille volonté. En ce qui concerne la seconde intention, elle ne renferme absolument rien d'illicite. C'est en effet la réalité qui doit régler les rapports juridiques des individus et ces derniers ne font que se conformer au vœu de la loi, en l'acceptant comme règle de conduite.

Voyons maintenant la simulation relative. Ici l'intention des simulants est triple. Outre celles qui existent dans la simulation absolue, ils en ont une troisième, qui consiste à faire une certaine convention. Le caractère licite des deux premières intentions sera le même que dans la simulation absolue; quant à celui de la dernière, il sera évidemment et en principe licite. La loi ne défend pas, en général, les conventions, puisqu'elle est précisément faite pour les sanctionner.

Mais hâtons-nous de suite d'ajouter que ces données toutes générales reçoivent de nombreuses exceptions. L'intention des parties, au point de vue légal, n'est pas seule à considérer, lorsqu'on juge un acte qu'elles ont accompli; il faut encore s'occuper du but et des résultats. Ce sont là autant de points de vue sous lesquels la loi a dû examiner chaque simulation en particulier et dont elle a dû tenir compte. Ce sont aussi autant de points de vue qui peuvent venir modifier les quelques règles générales que nous venons de donner.

En somme et pour formuler une réponse à la question posée en tête de ce chapitre, l'on peut dire ceci :

La simulation est évidemment un fait blâmable et d'une moralité fort douteuse : la chose ne fait pas l'ombre d'un doute. D'autre part, il n'est pas moins vrai qu'elle est usitée en pratique et que la loi doit en tenir compte. Mais quelle est l'attitude qu'elle prend à son égard? C'est une attitude purement défensive et régulatrice. En principe, elle n'empêche d'aucune façon les particuliers de l'employer, et elle leur laisse à ce sujet une liberté à peu près complète. Nous n'en voulons d'autres preuves que l'article 1321 du Code civil et le soin avec lequel, chaque fois qu'elle veut déroger à cette ligne de conduite, elle le déclare expressément. Le législateur a dû évidemment tenir compte de la faiblesse humaine, ne pas détruire l'œuvre des particuliers de parti pris, sans la juger et par cela seul qu'elle se trouve entachée de simulation. Le grand principe de la liberté des conventions et en général de la volonté humaine, l'a empêché d'agir autrement. Il lui suffit d'intervenir pour régler les actes accomplis et en déterminer les effets de la façon la plus avantageuse et la plus juste en vue de l'intérêt général et de l'intérêt privé. Ce principe néanmoins reçoit quelques exceptions, que nous allons immédiatement mettre en lumière, sans toutefois entrer trop dans les détails.

La jurisprudence est en ce sens [1].

1. Voir : Poitiers, 2 juillet 1872 ; S. 73, II, 112. — Cass. 25 juillet 1876 ; S. 78, I, 291. — Cass. 5 déc. 1877 ; S. 78, I, 200. — Cass. 3 déc. 1878 ; S. 79, I, 72. — Cass. 11 mars 1879 ; S. 80, I, 53. — Cass. 6 mars 1883 ; S. 84, I, 431.

CHAPITRE III

Exceptions au principe que la simulation est licite.

———

SECTION Ire

DANS LES DONATIONS

Deux exceptions ont été formulées au sujet des donations, l'une venant des articles 893 et 931, l'autre provenant de l'article 1099 ; voyons si elles sont justifiées.

I. Nous disons d'abord qu'une exception est formulée par un grand nombre d'auteurs au sujet des donations déguisées sous les apparences d'un contrat à titre onéreux. Mais encore faut-il préciser la portée de cette exception qu'ils apportent à la règle générale que la simulation est permise.

D'ordinaire ils ne contestent pas que pareilles donations ne soient valables, lorsqu'elles sont contenues accessoirement dans des conventions à titre onéreux et, par suite, en cas de simulation partielle. Mais là où ils contestent leur validité, c'est en présence d'une simulation totale, c'est-à-dire lorsque la convention à titre onéreux n'a pas l'ombre d'existence et se réduit à une simple forme et à une vaine apparence servant à masquer la donation.

Leur argumentation se fonde principalement sur les articles 893 et 931 du Code civil, d'où ils cherchent à inférer qu'il n'y a que deux formes possibles de disposer à titre gratuit, le testament et la donation, et que cette dernière en principe est soumise aux formalités de l'article 931. Il en résulte que, d'après cette doctrine, fort répandue d'ailleurs, les donations déguisées sous les apparences d'un contrat à titre onéreux seraient nulles, à moins que ce dernier n'eût été fait par acte authentique, comme, par exemple, par contrat de mariage.

Sans entrer dans les détails de la controverse à ce sujet et nous ralliant au système contraire depuis longtemps admis par la jurisprudence, nous admettrons la validité de pareilles donations.

Tout d'abord, si la vente est sérieuse et que la simulation ne porte que sur le paiement et ne se trouve que dans la quittance, il nous semble qu'aucun doute n'est possible. La convention réelle et dissimulée se trouve être une remise de dette et, par suite, est dispensée des formalités de l'article 931 et ne tombe pas sous le coup de l'article 893. Nous n'admettrions même pas la distinction qu'ont faite deux arrêts récents [1] entre les billets causés et ceux non causés, en annulant la remise de dette, lorsque dans la quittance ou l'écrit apparent la cause n'est pas exprimée. Un billet non causé est valable tout comme un billet causé et, dès lors, la solution doit être la même dans les deux cas, au point de vue qui nous occupe.

En ce qui concerne maintenant l'hypothèse où la vente elle-même est fictive, il nous semble que les articles 893 et 931 ne sont ni assez précis, ni assez catégoriques pour entraîner la nullité. Si l'on se reporte en effet aux travaux

---

1. (Cass. 23 mai 1876 ; S. 76, I, 342.) « Attendu....., puisque, en l'ab-« sence d'une cause intéressée venant masquer la libéralité, le déguisement « de celle-ci fait complètement défaut. » Pour notre compte, il nous a été impossible de voir comment le déguisement faisait défaut. Les libéralités ne se présumant pas, il nous semble que la mention « bon pour », comme celle « bon pour prêt » ou toute autre, est indicative d'un contrat à titre onéreux. (Cass. 5 déc. 1877 ; S. 78, I, 200.)

préparatoires, il est facile de se convaincre que ces deux textes n'ont pas toute la portée qu'on veut bien leur donner.

D'une part, l'article 893 n'a eu pour but que de prohiber la donation à cause de mort et il est certain que la limitation qu'il établit n'atteint pas les donations entre vifs. D'autre part, il est non moins certain, en ce qui concerne l'article 931, que le législateur a été rendu attentif aux mots « tous actes portant donation » et qu'en les employant, il a entendu parler de l'acte et non du contrat de donation. Il naît donc et doit naître tout au moins un doute au sujet de l'application de ces deux articles et notamment de l'article 931 en cas de donation déguisée, puisque l'on est en présence d'un acte à titre onéreux, vente ou autre, et non d'un acte de donation. Ce doute suffit, à notre avis, pour justifier la doctrine de la jurisprudence, puisque le doute doit en principe s'interpréter en faveur de la validité et non de la nullité des actes juridiques. (Voir Locré, tome XI, 2e partie, XV, nos 4 et 45.)

Nous nous rallierons donc au système de la jurisprudence, comme nous l'avons dit déjà plus haut, et nous ne verrons pas dans les articles 893 et 931 une exception au grand principe qu'en général la simulation est licite.

Mais, tout en admettant ce système consacré par une jurisprudence constante, nous ne pouvons nous empêcher de constater qu'il amène à des résultats bien singuliers. Il laisse en effet subsister à côté d'un contrat solennel un contrat non solennel et dépourvu de toutes les formalités édictées en vue de la liberté des donateurs, de l'intérêt de leurs familles et de la morale publique ; il dépouille de plus en grande partie l'article 931 de toute sanction efficace. Ces considérations pourraient avoir leur valeur, s'il s'agissait de faire la loi, mais elles n'en ont aucune, quand il ne s'agit que de l'inter-

prêter. C'est de son texte que l'on doit avant tout tenir
compte.

Du reste, une dernière considération nous semble militer
fortement en faveur du système que nous adoptons. En effet,
si l'article 893 a véritablement toute la portée que veulent
lui attribuer nos adversaires, ce ne sont pas seulement les
donations déguisées, mais encore les donations et legs faits
par interposition de personnes qui doivent être annulés en
vertu de cet article.

De l'analyse que nous avons faite précédemment de cette
sorte de simulation il résulte que le don ou le legs apparents faits à la personne interposée sont inexistants, par
suite d'absence totale de légataire ou de donataire. Supposons maintenant que le mandat qui existe dans toute interposition de personnes, soit donné en dehors des formalités
prescrites pour les donations ou testaments, ou bien qu'il
soit verbal ou tacite, nous nous trouverons, d'après le système de nos adversaires, en présence de la situation suivante :
d'une part, une donation ou un legs apparents faits suivant
les formes prescrites mais inexistants, et d'autre part, un écrit
qui ne peut constituer un titre en tant que don ou legs, puisqu'à ces points de vue il est nul pour vices de forme. Or,
personne, à ce que nous sachions, n'a encore admis pareille
conséquence, quoiqu'elle soit profondément logique. Si donc
on peut juger un système d'après l'inadmissibilité de ses conséquences, celui de la nullité des donations doit être écarté.
En somme, on doit en revenir à cette règle, qu'il suffit
que les prescriptions de la loi, au point de vue de la forme,
soient respectées dans l'acte apparent, pour que la donation
ou le legs soient valables, sans se préoccuper si, pour les
contre-lettres, les parties à la simulation se sont conformées
à ces mêmes prescriptions. Le discrédit dans lequel sont tom-

bées ces formes rigoureuses maintenues par le Code pour certains contrats spéciaux, n'est du reste pas de peu de poids dans l'ensemble des motifs qui ont fait admettre cette règle [1].

II. Mais, cette première exception écartée, on en fait résulter une autre de l'article 1099 du Code civil conçu en ces termes :

« Les époux ne pourront se donner indirectement au delà de ce qui leur est permis par les dispositions ci-dessus. Toute donation ou déguisée, ou faite à personne interposée, sera nulle. »

Tout le monde néanmoins n'est pas de cet avis et il n'y a pas moins de quatre systèmes qui se soient fait jour à l'occasion de cet article.

Un premier système, auquel la jurisprudence s'est longtemps ralliée, admet la nullité des donations simulées, mais seulement dans le cas où elles excèdent les limites de la quotité disponible. Malheureusement, cette distinction ne peut se baser sur le texte de la loi et, d'autre part, présente le grand tort, à notre avis, de faire dépendre exclusivement la validité ou la nullité des donations entre époux d'un pur hasard, puisque ces derniers ne peuvent savoir, au moment où ils contractent, si elles dépasseront ou non la quotité disponible.

Un second système propose une autre distinction. Suivant que les époux ont voulu échapper ou se soumettre aux règles sur la quotité disponible, il annule ou maintient la donation qu'ils ont faite ; mais ici encore on ne tient aucun compte du texte précis de la loi.

---

1. La jurisprudence admet néanmoins une exception à cette règle, au sujet des constitutions de rente viagère à titre purement gratuit. Elle exige en ce cas, même lorsqu'il y a simulation, l'observation rigoureuse des formes de la donation ou du testament. Cela tient aux termes catégoriques et impératifs de l'article 1969 du Code civil. (Cass. 23 mai 1870 ; S. 70, I, 214.)

Un troisième système n'admet la nullité dans aucun cas et n'applique jamais que la réduction en cas d'excès. Ce système a le grand défaut de réduire à l'état de lettre morte le second alinéa de l'article 1099.

Nous croyons donc devoir nous rallier au quatrième système, qui seul tient un compte exact des termes employés par le législateur. De la simple lecture de l'article 1099, il ressort, en effet, que deux sanctions bien différentes frappent les libéralités indirectes et les libéralités simulées : les premières se trouvent simplement soumises à la réduction ; les secondes sont frappées de nullité. Cette différence s'explique rationnellement : les libéralités indirectes se faisant au grand jour seront facilement découvertes et l'on comprend que pour elles les règles ordinaires sur les libéralités directes puissent suffire ; il en est tout autrement en cas de libéralités simulées ; elles se cachent et sont difficiles à découvrir ; elles demandent donc une sanction plus sévère. Que la sanction établie par la loi soit fort rigoureuse, nous le concédons volontiers ; mais il n'en est pas moins vrai qu'elle existe et qu'il est possible de la justifier. La jurisprudence la plus récente se rallie du reste à cette dernière interprétation [1].

SECTION II

DANS LES VENTES

Ici encore deux exceptions ont été formulées : l'une au sujet des ventes avec dissimulation d'une partie du prix et l'autre au sujet des cessions d'offices.

1. Montpellier, 28 février 1876 ; S. 76, II, 240. — Cass. 22 juillet 1884 ; S. 85, I, 112. — Lyon, 14 mai 1880 ; S. 81, II, 38 et la note. — Cass. 23 mai 1882 ; S. 83, I, 72. — Cass. 19 déc. 1882, S. 83, I, 260.

I. Vente avec dissimulation d'une partie du prix.

L'article 40 de la loi du 22 frimaire an VII formulait expressément la nullité et sous son empire la question ne
pouvait faire aucun doute. Mais, depuis la publication du
Code civil, il faut se demander si cet article 40 a été abrogé
par l'article 1321. MM. Merlin et Du Plasman [1] l'ont nié, mais
ils sont restés à peu près seuls de leur avis. Depuis longtemps la jurisprudence et la majorité des auteurs leur ont
donné tort. Du reste, la discussion qui a eu lieu au Conseil
d'État lors de la rédaction de l'article 1321 et celle qui eut
lieu lors de la loi de finances du 23 août 1871, sont absolument probantes. Nous considérons donc comme inutile de
renouveler un débat qui est définitivement clos et dont
l'exposé ne pourrait plus présenter de nos jours aucun
intérêt [2].

II. Simulations dans les cessions d'offices.

Cette exception qu'admettent d'une façon à peu près una-
nime la doctrine et la jurisprudence, se base sur l'article 91
de la loi du 28 avril 1816 et sur des considérations d'ordre
public.

Voyons d'abord l'article 91 dont voici la teneur : « Les
« avocats à la Cour de cassation, notaires, avoués, greffiers,
« huissiers, agents de change, courtiers, commissaires-pri-
« seurs, pourront présenter à l'agrément de Sa Majesté des
« successeurs, pourvu qu'ils réunissent les qualités exigées
« par les lois. Cette faculté n'aura pas lieu pour les titulaires
« destitués. Il sera statué, par une loi particulière, sur l'exé-
« cution de cette disposition, et sur les moyens d'en faire
« jouir les héritiers ou ayants cause desdits officiers. Cette

---

1. Merlin, *Répertoire de jurisprudence*, v° *Contre-lettre*. — Du Plasman,
Des Contre-Lettres, IIᵉ partie.
2. Voir notamment à ce sujet : Demolombe, XXIX, 330 et suivants.

« faculté de présenter des successeurs ne déroge point au
« surplus, au droit de Sa Majesté de réduire le nombre des-
« dits fonctionnaires, notamment celui des notaires, dans les
« cas prévus par la loi du 25 ventôse an XI sur le notariat. »

De cet article on a conclu que les officiers ministériels ainsi
visés n'avaient pas un droit de propriété sur leurs offices,
mais une simple faculté de présentation ; que, de plus, le Gou-
vernement avait le droit d'intervenir pour régler l'exercice de
cette faculté. Mais restait encore à savoir dans quelle mesure
cette intervention devait avoir lieu. C'est alors qu'on a fait intervenir un principe d'ordre public et d'intérêt général, qui
peut se formuler ainsi : l'intérêt des officiers ministériels et
des justiciables veut que les titulaires d'offices ne soient pas
grevés d'obligations pécuniaires trop lourdes ; il faut donc que
l'Administration puisse non seulement vérifier si le candidat
possède les aptitudes et les capacités nécessaires pour remplir
les fonctions qu'on va lui confier, mais encore qu'elle puisse
contrôler l'acte de cession. Il en résulte comme conséquences
principales que :

1) Toute convention [1] qui ne se trouve pas dans le traité
que les parties sont tenues de soumettre à l'Administration,
doit être considérée comme nulle et non avenue, comme
affectée d'une nullité absolue et d'ordre public, à moins toutefois qu'elle ne soit absolument en dehors du traité et ne
contienne aucune dérogation à ce dernier [2].

1. Il est à remarquer qu'en matière de traités au sujet de cessions d'offices,
le mot contre-lettre a un sens plus étendu que celui que nous lui avons
attribué au début de notre thèse, et comprend toute convention apportant
une dérogation au traité ostensible, sans qu'il y ait à s'occuper s'il est intervenu ou non une simulation.

2. Ne serait donc pas nulle la contre-lettre qui aurait pour objet la réserve
des recouvrements au profit du cédant ou leur transmission au profit du ces-
sionnaire. Les recouvrements forment une propriété privée et distincte de
celle del 'office.

2) En cas de paiement effectué d'un supplément de prix fixé par une contre-lettre, la répétition est possible, le nouveau titulaire n'étant même pas tenu par une obligation naturelle.

3) La créance résultant d'une contre-lettre n'est susceptible ni de subrogation, ni de transport; pareilles cessions ou subrogations, au cas où elles auraient eu lieu, seront nulles, malgré la bonne foi des subrogés ou des cessionnaires et on pourra répéter même contre eux la somme payée.

4) Ni l'exécution volontaire, ni la ratification expresse de la part du nouveau titulaire ne peuvent couvrir ces nullités d'ordre public.

Ces conséquences, si elles sont logiques, sont par contre bien rigoureuses; aussi peut-on comprendre qu'il se soit produit dans les débuts quelques divergences dans les décisions judiciaires et qu'on ait pu douter de la valeur de la doctrine que nous venons d'exposer. Mais toute hésitation a dû cesser et a réellement cessé en fait après la loi du 25 juin 1841. Les dispositions qu'édicte cette dernière, son caractère interprétatif de la loi de 1816 et surtout les discussions qui eurent lieu lors de son vote, suffisent amplement pour écarter toute incertitude et nous dispenser d'une étude plus approfondie sur la matière.

SECTION III

DANS LES CONTRATS DE MARIAGE, MARIAGES ET AUTRES ACTES ANALOGUES

I. *Contrats de mariage.* — A notre avis, il n'existe, au sujet du contrat de mariage, aucune dérogation aux principes généraux qui règlent la matière des actes simulés et des contre-lettres. Néanmoins, comme la chose pourrait offrir quelques doutes, étant donnée la présence des articles 1396 et 1397 dans le Code, nous nous voyons obligé d'établir l'exactitude de notre opinion.

Liquidons d'abord la question des textes.

On a beaucoup discuté sur le point de savoir si la loi, dans les deux articles 1396 et 1397, mettait sur la même ligne les simples changements faits au contrat de mariage et les véritables contre-lettres et par suite les confondait ensemble, ou bien si, au contraire, c'était à dessein que dans le premier de ces articles elle avait employé le terme disjonctif « ou » et que dans le second elle avait usé de la conjonction « et » pour relier les deux mots « changements » et « contre-lettres ». Sans vouloir pénétrer les desseins secrets du législateur, nous croyons que la terminologie distincte qu'il a employée dans les deux articles a sa raison d'être et qu'il y a dès lors lieu d'en tenir compte. Voici, du reste, notre explication.

Dans l'article 1396, il n'est question que de simples changements et d'actes modificatifs nullement entachés de simulation. Employant alors le mot « contre-lettre », et l'employant dans un sens trop large et par suite inexact, le législateur cherche à en déterminer le sens en le rendant synonyme du mot « changement » ; il n'y a là rien que de juste et il en résulte, par voie de conséquence, que l'article 1396 ne s'occupe pas des vraies contre-lettres et qu'à leur sujet les règles générales s'appliquent.

Dans l'article 1397 au contraire, le mot « contre-lettres » est pris dans son véritable sens et avec sa véritable portée et dès lors il ne s'agit plus de l'assimiler aux simples changements, mais bien de l'en distinguer. L'emploi de la conjonction « et » se trouve donc parfaitement justifié. Mais en résulte-t-il que l'article 1397 entraîne une dérogation aux règles générales en matière de contre-lettres ? Nous ne le pensons pas, du moins en principe.

Il ne faut pas oublier, en effet, que l'existence des véritables contre-lettres sera dans tous les cas incompatible avec l'accomplissement des prescriptions établies tant par l'article 1396 que par l'article 1397, et que, d'autre part, la sanction de l'article 1397, comme celle de l'article 1321, qui, comme nous le verrons, est la règle générale en notre matière, a pour résultat d'empêcher que la contre-lettre ne soit opposable aux tiers [1]. Nous nous trouvons donc ici en face de cette situation de deux dispositions législatives venant se corroborer et aboutir au même résultat.

Nous croyons néanmoins qu'il existe une différence au point de vue de la sanction établie à l'égard des tiers par ces deux articles et qu'il sera préférable pour eux d'invoquer l'article 1397 plutôt que l'article 1321. Dans l'application de ce dernier, on admet en effet que la contre-lettre devient opposable aux tiers, lorsqu'ils en ont connu l'existence, distinction qui n'est pas admise pour l'article 1397. Au cas où le tiers aura donc connu la véritable situation, il ne pourra réussir qu'en invoquant ce dernier article dont les termes sont absolus.

Ce système, que nous adopterions volontiers, n'est pas néanmoins celui qu'enseignent les auteurs et que consacre la jurisprudence. D'ordinaire on admet que ce sont uniquement les articles 1396 et 1397 qui règlent la matière, sans distinguer s'il y a simple changement ou véritable contre-lettre. On arrive malheureusement, en suivant ce système, à donner

---

1. L'interprétation que nous donnons ainsi des termes de l'article 1397 « seront sans effet à l'égard des tiers », donne à entendre que nous croyons devoir maintenir en leur faveur, s'ils y ont intérêt, le droit de prouver la simulation totale ou partielle du contrat de mariage.

souvent raison à la partie contractante de mauvaise foi et à sacrifier les intérêts des tiers. On ne tient surtout pas compte, croyons-nous, du texte de la loi[1].

Néanmoins, comme notre avis est de peu de poids dans la matière, nous nous contenterons de donner les résultats admis par la jurisprudence et qui peuvent se résumer en quatre règles :

1) Si les contre-lettres ont été faites avant la célébration du mariage, mais sans les formalités des articles 1396 et 1397, ou bien après cette célébration, elles sont nulles à l'égard de tous ;

2) Si elles ont été faites avant la célébration du mariage, mais seulement suivant les règles de l'article 1396, elles sont valables à l'égard des parties contractantes, mais nulles à l'égard des tiers ;

3) Si elles ont été faites avant la célébration du mariage et conformément aux prescriptions de l'article 1396 et de la première disposition de l'article 1397, elles sont valables à l'égard de tous, mais les tiers ont un recours contre le notaire ;

4) Enfin, si elles ont été faites avant la célébration du mariage et si les conditions des articles 1396 et 1397 ont été remplies, elles sont valables à l'égard de tous sans nul recours.

Notons néanmoins quelques arrêts qui semblent, dans une certaine mesure, s'écarter du système admis générale-

1. Voir, en faveur de l'opinion que nous soutenons, au moins sous certains rapports, MM. Aubry et Rau, t. V, paragr. 503 *bis*. « Du reste, les clauses d'un « contrat de mariage, et spécialement les reconnaissances de dot ou d'ap- « ports, pourraient, sans que le principe de l'immutabilité des conventions « matrimoniales en reçût aucune atteinte, être déclarées purement simulées « ou être annulées pour cause de dol ou de fraude. »

ment et qui se rapprochent dès lors de celui que nous adopterions nous-même volontiers et que nous avons esquissé plus haut.

Le premier en date admet que la clause d'un contrat de mariage portant reconnaissance d'un apport mobilier par l'un des époux peut être déclarée fictive et constituant une donation en faveur de cet époux, lorsque la quotité disponible est dépassée et que les héritiers de son conjoint le demandent. (Cass. 31 juillet 1833; S. 33, I, 840.) Cette décision nous semble d'une exactitude parfaite. Les héritiers lésés ne demandent, en fin de compte, que la reconstitution du contrat de mariage sous son véritable jour et avec ses éléments réels.

Nous en dirons autant d'un autre arrêt datant à peu près de la même époque. (Toulouse 15 mars 1834; S. 34, II, 537.) Il y est admis d'une façon formelle que les tiers peuvent prouver le caractère fictif et simulé des énonciations d'un contrat de mariage et notamment la reconnaissance de dot qu'il renferme au profit de l'un des époux.

Si nous nous reportons maintenant à des époques plus récentes, nous trouvons des arrêts contenant des décisions identiques ou analogues.

(Paris, 24 février 1865; S. 66, II, 144.) Cet arrêt, tout en admettant que la foi due à la sincérité d'un contrat de mariage, relativement à la constatation de l'apport de l'un des époux peut être contestée, n'admet, comme modes de preuves, que des preuves écrites démontrant la simulation jusqu'à l'évidence. Il y a dans cette dernière exigence une exagération manifeste; qu'on exige une preuve écrite des parties à la simulation au moins en principe, c'est ce que nous admettons volontiers, mais sans étendre cette obligation aux tiers. Nous appliquerions du reste à ce sujet les règles générales que nous aurons l'occasion de donner plus loin. Ces règles sont admises par deux arrêts récents qui admettent la preuve par simples présomptions et nous semblent irréprochables. (Rouen, 23 décembre 1871 ; S. 72, II, 102 ; — Poitiers, 18 août 1872 ; S. 72, II, 230.) L'un des considérants de ce dernier arrêt nous semble digne d'être signalé. « Attendu, dit la cour de Poitiers, que si cet « acte (le contrat de mariage) fait preuve complète des énon- « ciations qu'il contient, rien ne s'oppose cependant à ce « qu'il soit attaqué dans les termes du droit commun pour « cause de dol, de fraude ou de simulation ; que l'irrévocabilité « qui le couvre n'oblige pas à tenir pour absolument vraies « toutes les dispositions qu'il renferme. » Il y a donc une grande différence, suivant que l'on repousse et fait annuler des dispositions qui portent atteinte à l'irrévocabilité des conventions matrimoniales, ou bien que l'on veut faire la preuve de la simulation de ces conventions matrimoniales elles-mêmes. Dans le premier cas, ce sont les articles 1396 et 1397 qui s'appliquent, tandis que dans le second, ce sont les règles générales en matière de contre-lettres. Nous n'avons admis plus haut qu'une seule exception à ce principe, et encore l'avons-nous fait à regret, parce que le texte de la loi nous imposait cette solution : cette exception a trait à la distinction rejetée par nous en matière de contrat de mariage, suivant que le tiers était de bonne ou de mauvaise foi.

Citons enfin deux arrêts, dont le dernier très récent, qui arrivent à des résultats plus radicaux que nous-même, à l'aide d'une argumentation très ingénieuse ; d'après ces arrêts la preuve d'un paiement effectif ne résulte pas de la clause insérée dans un contrat de mariage « que la célébration vaudra quittance » et dès lors la reconnaissance du non-paiement de la dot peut se faire après cette célébration et est opposable aux tiers [1].

II. *Mariage et autres actes analogues.* — La majorité des auteurs, et notamment MM. Merlin, Chardon et Bédarride [2] admettent que la simulation est impossible et impraticable dans le mariage. Ils considèrent ce contrat comme empreint d'un caractère absolu de sincérité, dès qu'il existe et par cela seul qu'il existe. L'ordre public est gravement intéressé, disent-ils, et il est impossible de considérer une simulation qui y interviendrait autrement que comme un acte profondément illicite. Ce qui nous étonne, c'est que l'on n'étende pas l'exception ainsi formulée à d'autres actes analogues, en faveur desquels les mêmes motifs militent à un égal degré, tels que la reconnaissance d'un enfant naturel ou l'adoption. Nous ne pouvons considérer cette lacune que comme un oubli.

Mais quelle que soit l'étendue que l'on donne à l'exception ainsi formulée, il faut se tenir bien en garde contre une confusion possible. Sans doute la simulation sera illicite dans tous ces cas et ne pourra être invoquée par ceux qui l'auront réalisée afin d'annuler ces actes ou contrats fictifs, et, sous ce rapport, la simulation ne produira aucun effet; mais, d'autre part, elle pourra parfaitement être invoquée et prouvée par d'autres personnes contre qui ces actes ou contrats ont été faits et auxquelles ils portent préjudice. A

1. (Rouen, 13 mai 1868; S. 72, II, 101. — Cass. 22 août 1882; S. 83, I, 25.) — Il nous semble qu'il y a là une interprétation bien hardie et fort contestable ; en effet, si la clause dont il est question n'équivaut pas à quittance, elle est de nulle valeur, et les tiers ne sauront jamais si la dot a été payée, ou bien quand elle le sera. Ils seront donc absolument à la merci des parties à la simulation.

2. Bédarride, *Traité du dol et de la fraude,* t. IV, n° 1461. — Chardon, *Traité du dol et de la fraude,* t. II, n° 50, page 112. — Merlin, *Répertoire de jurisprudence,* voir : *Simulation.*

l'égard de ces tiers et dans la mesure où ils y auront intérêt, les actes ou contrats fictifs seront annulés au point
de vue de leurs conséquences pécuniaires, ainsi que l'acte
juridique réel, s'il y a simulation relative. Il y a ici un cas
de simulation d'une nature spéciale et une exception différente de celles que nous avons étudiées jusqu'à présent. Au
lieu d'être une cause de nullité pour l'acte juridique où elle
intervient, la simulation est sans portée aucune à l'égard des
personnes qui y ont pris part et n'est une cause de nullité
qu'à l'égard des autres. En un mot, il y a simple application
du principe que nul ne peut invoquer sa propre turpitude.

CHAPITRE IV

Des diverses espèces de simulations au point de vue de leur but.

Nous venons de voir dans quels cas la simulation, en elle-même et par cela seul qu'elle existe, se trouve empreinte d'un caractère licite ou illicite. Il nous reste à la considérer dans son but. A ce point de vue, on peut distinguer les différentes simulations en trois espèces bien distinctes :

1° Celles qui ont pour but de frauder la loi, c'est-à-dire de cacher une convention réelle et sérieuse qui est nulle en vertu d'une disposition d'ordre public ;

2° Celles qui ont pour but de porter préjudice aux tiers, et que pour ce motif nous nommerons frauduleuses ;

3° Celles qui n'ont pour but ni de frauder la loi, ni de porter préjudice aux tiers, et qui sont dues à des intentions qui n'ont rien de blâmable.

Pour bien caractériser ces différentes espèces de simulations, donnons un exemple et supposons une donation déguisée sous la forme d'un contrat de vente.

Si le déguisement a pour but de gratifier un incapable, nous aurons une simulation du premier genre ; s'il a pour but de laisser ignorer aux tiers le caractère de révocabilité du titre de propriété en la personne du donataire pour cause de survenance d'enfant au donateur ou d'ingratitude, nous aurons une simulation du second genre ; enfin, nous aurons une simulation du troisième genre si le déguisement n'a pour but que de maintenir la paix dans la famille et d'éviter des jalousies entre ses divers membres, et que le donateur comme le donataire prennent grand soin que leur simulation ne cause un dommage injuste à personne.

Il nous est évidemment impossible d'entrer dans les détails au sujet de cette division de la plus haute importance en notre matière. Chaque cas spécial, chaque espèce devrait être passée en revue, et c'est là un travail trop étendu pour que nous cherchions même à l'entreprendre.

CHAPITRE V

Des effets de l'acte juridique simulé et de la contre-lettre.

———

SECTION Ire

GÉNÉRALITÉS

L'acte juridique simulé et la contre-lettre coexistent aussi bien dans la simulation absolue que dans la simulation relative. Il est donc de la plus haute importance de savoir quels effets tous deux peuvent produire et comment la loi règle leur conflit.

Logiquement et à ne considérer que leur mérite respectif, nous sommes déjà fixés, par suite de nos explications antérieures, sur leur valeur réelle. L'acte simulé étant fictif et inexistant, n'en a aucune[1]. La convention réelle, lorsqu'elle existe, a seule de la valeur.

Aussi, en admettant que la loi puisse toujours se laisser guider par les règles d'une logique rigoureuse, qu'elle n'ait pas à tenir compte des nécessités de la pratique et qu'enfin les véritables intentions des particuliers lui soient toujours connues, notre tâche actuelle serait bien facile à remplir. Il

1. Ainsi un arrêt de la cour de Nancy décide que, quand au cours d'un débat, un acte est attaqué pour cause de simulation et que la preuve en est faite, les tribunaux peuvent se borner à ne tenir aucun compte du contrat, sans être obligés d'en prononcer la nullité. C'est bien reconnaître là son inexistence. (*Recueil des arrêts de la cour de Nancy;* année 1881, n° 13, page 33.)

nous suffirait de dire que l'acte simulé ne produit et ne peut produire aucun effet et que la convention réelle seule, au cas où elle existe, possédera ce privilège.

Malheureusement, il n'en est pas ainsi. Le législateur, quoiqu'il admette la règle en principe, est souvent amené à y faire des dérogations profondes; les juges, eux aussi, par suite de l'ignorance où ils se trouvent de la véritable situation des choses et d'une façon tout involontaire, sont contraints souvent à en prendre le contrepied et à sanctionner la fiction au lieu et place de la réalité. La question, si simple en apparence, nous apparaît, dès lors, hérissée de toutes sortes de difficultés. Ce sont elles que nous allons chercher à résoudre en étudiant d'abord les effets légaux des actes simulés et des contre-lettres et ensuite la manière d'en établir la preuve. Pour étudier leurs effets, il est indispensable de les étudier séparément à l'égard des parties à la simulation et à l'égard des tiers. Des règles très diverses, en effet, régissent ces deux situations, ainsi qu'il sera facile de le voir par la suite.

SECTION II

EFFETS DE L'ACTE SIMULÉ ET DE LA CONTRE-LETTRE ENTRE LES PARTIES A LA SIMULATION

En règle générale et dans leurs rapports réciproques, l'acte simulé n'a aucune valeur et ne produit aucun effet dans la mesure même où la simulation l'affecte. C'est la convention réelle, avec ses clauses véritablement consenties, qui, seule, doit régler leurs rapports et, en son absence, comme il arrive au cas de simulation absolue, tout doit se passer comme s'il n'était intervenu entre eux aucun acte juridique.

Mais pour qu'il en soit ainsi, il faut que, d'une part, elles restent fidèles aux engagements réciproques qu'elles ont pris, ou bien que, dans le cas contraire, le caractère simulé de l'acte soit prouvé et que, d'autre part, le fait même de la simulation ou l'acte que l'on a voulu déguiser ne soit pas illicite.

Ces deux conditions sont d'une grande importance et exigent quelques explications ; mais auparavant, cherchons à déterminer ce qu'il faut entendre par les parties à la simulation.

Nous comprendrons évidemment, sous ce terme, ceux qui ont pris part à la simulation et qui sont intervenus à l'entente que suppose cette même simulation. Ce point ne peut faire aucun doute. Mais nous leur adjoindrons de plus :

1) Leurs ayants cause à titre universel, en tant qu'ils succèdent à la personne de leurs auteurs et, par suite, à leurs droits et obligations, mais non pas en tant qu'ils invoquent des droits que leur confère directement la loi et qu'il leur est permis de critiquer les actes de ceux auxquels ils succèdent (Chambéry, 6 mai 1861 ; S. 61, II, 563) ;

2) Leurs mandants, si toutefois les mandataires n'ont pas outrepassé les limites de leurs pouvoirs ;

3) Les représentés, tels que les pupilles, quand leurs représentants ont été parties à la simulation, sous la même réserve que pour les mandants.

Toutes autres personnes en général, et, sauf les difficultés et les discussions qui ont lieu au sujet des créanciers chirographaires dont nous aurons l'occasion de nous occuper plus loin, sont à considérer comme des tiers.

Revenons, maintenant, aux deux conditions établies plus haut et qu'il s'agit d'expliquer.

Tout d'abord, disons-nous, il faut que les parties à la simulation restent fidèles aux engagements réciproques qu'elles ont pris, ou bien que, dans le cas contraire, le caractère de l'acte simulé soit prouvé.

Nous avons vu, en effet, qu'il intervenait une entente entre les simulants et que cette entente consistait à considérer comme nul et non avenu l'acte simulé dans leurs rapports réciproques. Cette entente repose uniquement sur la confiance mutuelle qu'ils se portent, mais elle suffit si chacun d'entre eux garde la foi promise. Mais si, au contraire, cette foi est rompue, si l'un d'entre eux refuse de se conformer à ses promesses et invoque l'acte comme réel et sérieux, la situation change. Toutes les apparences sont pour lui et il a grande chance de réussir dans ses prétentions. Son complice n'aura quelque espoir d'échapper à ce péril qu'en essayant de prouver le véritable caractère de l'acte. S'il ne parvient pas à faire cette preuve, l'acte fictif produira tous les effets d'un acte réel, tout au moins dans les rapports entre les simulants. Si, au contraire, il est assez heureux pour la faire, la réalité reprendra ses droits et tout se passera comme si l'entente s'était scrupuleusement maintenue entre les parties à la simulation.

Nous ajoutons qu'il est nécessaire que le fait même d'avoir simulé l'acte juridique ne soit pas illicite. En principe, la simulation n'est pas illicite par elle-même; mais cette règle, comme toute autre, a ses exceptions. Il y a des cas où elle atteint un degré d'immoralité tellement grave et lèse à un tel point l'ordre public et l'intérêt général que la loi a dû prendre des mesures répressives et rigoureuses, parfois même maintenir l'acte simulé comme s'il était réel. Mais comme cette question se rattache intimement à d'autres relatives à la preuve, nous préférons en renvoyer l'étude à plus tard.

SECTION III

EFFETS DE L'ACTE SIMULÉ ET DE LA CONTRE-LETTRE A L'ÉGARD DES TIERS

Pour l'étude de ces effets, il est indispensable de bien se rendre compte des individus qui ont la qualité de tiers et des intérêts contraires qu'ils représentent soit vis-à-vis des parties à la simulation, soit vis-à-vis les uns des autres.

I. Quels sont les individus qui possèdent la qualité de tiers?

D'une façon générale, on peut dire que ce sont tous ceux que nous n'avons pas rangés au nombre des parties contractantes. Néanmoins, il y a une restriction à faire à cette formule au sujet de ceux qui ne sont à aucun titre les ayants cause de ces dernières et qui dès lors sont non seulement étrangers à la simulation, mais même à ses conséquences. Ils sont en dehors de toute atteinte et ne peuvent entrer en ligne de compte. Ce sont eux que l'on appelle d'ordinaire *penitus extranei*.

Nous rangerons donc au nombre des tiers :

1) Les ayants cause à titre universel des simulants, en tant qu'ils invoquent un droit personnel et spécial que leur accorde la loi ;

2) Le mandant et tout autre représenté, au cas où leurs représentants ont dépassé la limite de leurs pouvoirs ;

3) Les ayants cause à titre particulier des simulants ;

4) Leurs créanciers chirographaires.

Examinons séparément chacune de ces catégories de tiers :

1) *Les ayants cause à titre universel.* — Ces ayants cause, qu'ils soient héritiers ou légataires, et qu'ils le soient pour

tout ou pour partie, succèdent aux biens de leurs auteurs et, par suite, sont tenus de leurs obligations et peuvent se prévaloir de leurs droits. A ce titre donc, ils doivent se trouver dans les mêmes conditions que les simulants. Mais, à côté de cette première qualité qu'ils possèdent, ils en ont une autre qui leur vient directement de la loi et en vertu de laquelle ils peuvent avoir, d'une part, droit à une certaine réserve et, d'autre part, attaquer certains actes faits par le défunt parce qu'ils sont contraires à la loi, comme, par exemple, les donations ou legs à des incapables ; c'est à ce dernier titre seul que ces ayants cause pourront se prévaloir de la qualité de tiers.

2) *Les mandants ou représentés.* — Si le mandataire conventionnel ou légal est resté dans les limites que lui assignait son mandat, les mandants ou représentés sont tenus de tous les engagements pris en leur nom. Ils sont alors parties à la simulation et nullement des tiers. Mais dès que leurs mandataires dépassent ces limites, et dans la mesure où ils les dépassent, les représentés deviennent des tiers et des tiers complètement étrangers et mis hors de cause à l'égard des engagements contractés. Le contraire arriverait cependant si le mandant ratifiait, ce qui par le fait même lui rendrait la qualité de partie à la simulation.

3) *Les ayants cause à titre particulier.* — Nous rangerons dans cette catégorie les tiers acquéreurs de meubles ou d'immeubles, les cessionnaires de créances et les créanciers hypothécaires ou privilégiés.

A l'égard de ces individus il ne peut y avoir aucun doute sur leur qualité de tiers. Ils ne sont, en effet, d'une façon générale, ni tenus des obligations, ni investis des droits de leurs auteurs. Ils ne se rattachent en définitive à ces derniers que par un lien tout spécial dérivant d'un contrat et uniquement de ce contrat.

4) Les créanciers chirographaires. — On leur a fortement contesté cette qualité et un certain nombre d'auteurs ne voient en eux que de simples ayants cause des simulants qui n'ont et ne peuvent avoir plus de droits que ces derniers eux-mêmes. M. de Charencey (*Encyclopédie du droit,* v° *Contre-lettre,* n°⁵ 35 et 37) est un des plus éloquents défenseurs de ce système et voici les arguments qu'il donne à l'appui. Tout en les citant, nous essaierons de les réfuter au fur et à mesure qu'ils se présenteront.

1) Les créanciers chirographaires, dit-il, n'ont pas plus de droits que leurs débiteurs en principe. La loi n'admet qu'une exception à cette règle et elle se trouve dans l'article 1167 du Code civil. — Mais, peut-on répondre à ce premier argument, si l'article 1167 apporte une première exception, qui empêche l'article 1321, fondamental en notre matière, d'en apporter à son tour une seconde? Or, à notre avis, il en apporte une formelle, le mot *tiers* qui s'y trouve employé ne visant pas seulement les personnes qui ont traité précisément en considération de l'acte ostensible et simulé, mais bien tous ceux qui peuvent être lésés par la simulation.

2) Les créanciers chirographaires, ajoute-t-il, suivent la foi de leur débiteur, et le gage vague et indéterminé qu'ils ont sur ses biens, ne leur confère aucun droit propre et indépendant du droit de leur débiteur, dont ils sont purement et simplement les ayants cause. — Mais c'est là justement ce qu'il faudrait démontrer. Les termes aussi bien que l'esprit de la loi nous indiquent le contraire et prouvent bien que l'article 1321 confère précisément aux créanciers chirographaires ce droit propre et indépendant que l'on exige d'eux pour leur accorder la qualité de tiers.

La question ne peut donc présenter aucun doute. Le but de l'article 1321 est de garantir d'un dommage injuste ceux-là et tous ceux-là que cet acte simulé pourrait induire en erreur. Or, les créanciers chirographaires peuvent aussi être trompés ; ils le peuvent même plus que tous autres, puisqu'ils suivent la foi de leur débiteur et que, par suite, ils tomberont les premiers et le plus souvent dans le piège ; ils méritent donc plus que tous autres la protection de la loi.

Au reste, la jurisprudence et la doctrine la plus autorisée se rallient à ces dernières conclusions [1]. (Voir Demolombe, XXIX, 344 et 345 ; Aubry et Rau, t. VIII, § 756 *bis*, et les auteurs qu'ils citent.)

II. Les divers conflits qui peuvent se présenter entre les intérêts des simulants et ceux des tiers et, d'autre part, entre ceux des tiers mis en présence les uns des autres.

Le conflit d'intérêts peut exister à ce double point de vue et la chose est facile à comprendre. Nous avons vu, en effet, que la simulation avait pour but de tromper certaines personnes, en leur faisant croire à la réalité de l'acte simulé et en le leur opposant comme devant produire des effets légaux à leur égard. Il y a donc conflit entre ces derniers et les parties à la simulation, les uns voulant maintenir l'acte et les autres voulant le faire tomber.

Mais il est encore un autre conflit possible. La simulation créant une situation fictive, l'un ou l'autre des simulants et

1. (Caen, 9 avril 1853 ; S. 1854, II, 30. — Cass. 18 août 1874 ; S. 75, I, 255. — Cass. 11 mars 1879 ; S. 80, I, 53. — Cass. 3 janvier 1883 ; S. 83, 1, 69.) Le premier de ces arrêts dit dans un de ses considérants : « Attendu « que les créanciers dans une faillite ont une double qualité : qu'ils sont « les représentants et ayants cause du failli, lorsqu'ils exercent les droits « dérivant de lui seul et dont ils sont investis comme succédant à son admi- « nistration ; mais que c'est de leur propre chef qu'ils exercent les droits « indépendants du failli et résultant de leurs créances ; que lorsqu'ils atta- « quent, comme leur portant préjudice, un acte auquel ils imputent d'être « intervenu frauduleusement entre le failli et un tiers, ils agissent par eux- « mêmes et pour eux-mêmes, etc..... »

voire même chacun d'eux, peut en profiter et s'en prévaloir dans l'accomplissement de nouveaux actes et pour tromper de nouveaux tiers. De là conflit entre ces derniers, soit entre eux, soit même avec les parties à la simulation ou bien les tiers primitivement trompés.

Prenons un exemple, pour bien mettre en lumière ces explications.

Supposons le cas d'un prête-nom. La simulation a eu lieu, par exemple, pour tromper les créanciers de ce dernier et lui assurer du crédit. Un premier conflit pourra exister entre les créanciers du prête-nom d'une part et le mandant d'autre part. Supposons maintenant, de plus, qu'en dehors de toute entente avec son mandant, le prête-nom vende à un tiers le bien qui ne lui appartient pas; un nouveau conflit existera dans ce cas entre ce tiers et le mandant. Supposons enfin que ce dernier lui-même vende à son tour le bien en question; il est évident que ce nouveau sous-acquéreur sera en conflit non seulement avec l'ayant cause à titre particulier du prête-nom, mais pourra encore l'être avec ce dernier lui-même, ses créanciers chirographaires et d'autres personnes encore.

Comment alors régler ces divers conflits?

En règle générale, nous appliquerons l'article 1321 et nous ne croyons même pas devoir restreindre la portée de ce dernier aux contrats synallagmatiques et unilatéraux à cause de la place qu'il tient dans le Code. Nous croyons pouvoir l'appliquer à tous les actes juridiques quels qu'ils soient, tout au moins en principe.

Quelle est maintenant l'économie de cet article?

« Art. 1321 : Les contre-lettres ne peuvent avoir leur effet qu'entre les parties contractantes; elles n'ont point d'effet contre les tiers. »

Faisons l'application de ce texte séparément aux deux sortes de conflits qui peuvent se présenter.

1) Conflit entre un tiers et l'une des parties à la simulation dont il n'est pas l'ayant cause.

Dans ce cas, ce sera le tiers qui sera maître absolu de la situation. A son gré, il pourra invoquer ou rejeter l'acte juridique, choisir entre l'écrit ostensible et la contre-lettre; son adversaire est absolument à sa merci. Cette solution, quoique parfaitement illogique, se comprend néanmoins si l'on se rend bien compte des considérations qui ont guidé le législateur en cette occasion. Il a eu en effet principalement pour but d'assurer la sécurité des transactions, de favoriser le crédit et d'éviter les surprises. Il ne pouvait dès lors tenir compte que de l'acte simulé, qui est le seul ostensible et le seul qui puisse en principe guider les tiers dans la conduite qu'ils tiennent à l'égard des simulants.

Mais, remarquons bien que cette règle exorbitante et toute de faveur, doit cesser nécessairement de s'appliquer, dès que le motif qui l'a fait édicter n'existe plus. C'est ce qui arrive lorsque les tiers dont nous parlons ont eu connaissance de l'acte et se trouvent dans le secret de la situation. Ils ont dû alors agir en conséquence et ce serait un acte insigne de mauvaise foi de vouloir invoquer un contrat qu'ils savaient être sans valeur. On en revient alors aux principes fondamentaux et logiques du droit, qui veulent que ce soit la réalité et non la fiction qui l'emporte. Il n'y a plus alors qu'une seule solution possible, celle de l'inexistence et de l'absence de tout effet de la part de l'acte simulé; la contre-lettre régit alors la situation.

2) Conflit existant entre les tiers.

Faut-il ici encore appliquer l'article 1321 ? Nous croyons devoir répondre d'une façon affirmative, et admettre que l'exception de l'article 1321 peut être opposée par ceux dont le droit se base sur l'acte ostensible ; l'article est en effet conçu en termes absolus et ne distingue pas. Du reste, les tiers qui viendraient invoquer la non-sincérité de l'acte ostensible, ne peuvent se plaindre de la solution que donne la loi. Ils ne doivent et ne peuvent compter que sur son caractère de réalité, et s'ils ont basé leur conduite sur d'autres considérations, ils n'ont qu'à s'en prendre à eux-mêmes. Fondant leurs droits sur une base aussi fragile, ils ne peuvent se plaindre de la voir leur manquer. Se dispensant d'user de l'immense faveur que leur accorde la loi, ils ne peuvent la taxer d'injustice, s'ils ont voulu agir en dehors de sa protection et sans en tenir compte. Ce sera donc l'acte simulé qui réglera leurs rapports réciproques.

Mais ici, comme plus haut, nous distinguerons suivant que les tiers qui invoquent l'acte simulé sont de bonne ou de mauvaise foi, c'est-à-dire suivant qu'ils ont ignoré ou connu le véritable caractère de l'acte. L'esprit de la loi nous y force nécessairement. Si donc les tiers sont de bonne foi, on appliquera les principes donnés plus haut, et, dans le cas contraire, l'acte simulé sera non avenu et cédera la place à la contre-lettre ; ce sera donc encore la réalité et non la fiction qui réglera les rapports des tiers entre eux.

Nous appliquerions à plus forte raison les mêmes principes et cette dernière règle, si tous les tiers, c'est-à-dire tous ceux qui sont en conflit, étaient de mauvaise foi. Le législateur ne s'occupe, en effet, que de la bonne ou de la mauvaise foi de ceux qui invoquent l'acte ostensible.

Ces règles, néanmoins, reçoivent des dérogations dans les cas où l'ordre public est engagé et lorsque la simulation est illicite soit en elle-même, soit dans son but. Dans ces cas, les tiers ne peuvent plus invoquer le bénéfice de l'article 1321 *in fine* et par conséquent l'exception qu'il leur donne à l'ordinaire. L'intérêt privé cède devant l'intérêt supérieur de la loi et de l'ordre public.

Il est encore une exception d'un autre genre, qui exclut, dit-on, l'application de l'article 1321 et dont nous allons nous occuper maintenant. Nous voulons parler de celle résultant de la loi du 23 mars 1855 et des articles du Code exigeant la transcription des donations immobilières et des substitutions, 939 et suiv., 1069 et suiv., 2181.

On répète à satiété et tous les auteurs[1] ne se font pas faute de dire que, dans tous les cas visés par ces articles relatifs à la transcription, l'article 1321 cesse d'être applicable.

Il nous semble qu'il y a là une erreur profonde.

Et d'abord, comment une formalité relative à la publicité d'un acte juridique pourrait-elle avoir une influence quelconque sur la valeur de cet acte, sur son caractère fictif ou réel ? Comment, par suite d'une simple insertion sur un registre public, la nature intrinsèque d'une convention pourrait-elle être changée ? C'est là une chose qu'il nous est impossible de comprendre[2].

Supposons que deux individus fassent une vente fictive et entachée de simulation absolue, supposons encore que l'acheteur fasse transcrire l'acte ostensible. En sera-t-il plus propriétaire pour cela ? Son titre absolument fictif sera-t-il devenu

---

1. Demolombe, XXIX, 338 et suivants. — Larombière, IV, art. 1321 ; voir néanmoins : Aubry et Rau, t. VIII, § 756 *bis*, note 17.

2. Voir à ce sujet une note très intéressante, que l'on trouvera dans le Sirey de l'année 1882. (Montpellier, 16 janvier 1882 ; S. 82, II, 113.) « La « transcription d'un acte nul ou mensonger sera inefficace comme l'acte lui-« même, toutes les fois que celui qui aura réussi à faire déclarer l'acte trans-« crit nul ou contraire à la vérité aura été étranger à la rédaction de cet « acte préjudiciable à son droit. » Nous ajouterions, pour notre compte, une seconde condition, en exigeant que le tiers, au moment de la naissance de ses droits, ait ignoré le caractère dont l'acte ostensible est entaché.

sérieux ? Supposons maintenant que ce premier acheteur
vende à un tiers de bonne foi l'immeuble dont il est déten-
teur et propriétaire apparent ; supposons en outre qu'avant
que ce dernier ait transcrit son titre, le premier vendeur
transcrive la contre-lettre ; ce simple fait d'avoir transcrit
avant le tiers permettra-t-il au premier vendeur d'opposer la
contre-lettre à ce tiers sans que ce dernier puisse invoquer
l'article 1321 ? Nous croyons que nulle impossibilité n'existera en faveur du tiers de bonne foi et que c'est lui qui devra
triompher. Nous croyons même qu'il devra triompher contre
les ayants cause soit à titre universel, soit à titre particulier
du premier vendeur. C'est lui seul que la loi, dans l'article
1321, a vu avec faveur, et les mesures de publicité ne peuvent
lui enlever sa position toute privilégiée.

Si nous admettons maintenant que le tiers soit de mauvaise
foi, nous croyons qu'il devra succomber à l'égard même du
premier vendeur, et cela indépendamment de toute question
de transcription.

Ce qui, en fin de compte, a pu tromper la majorité des
auteurs, c'est ce fait, que la plupart du temps les contre-
lettres n'étaient pas transcrites en pratique. Qu'arrive-t-il
alors ? Ce phénomène bien simple, que les dispositions de
l'article 1321 et celles dont nous parlons produisent les
mêmes résultats, tout au moins quand le tiers est de bonne
foi. Il en serait tout autrement s'il était de mauvaise foi ;
mais comme, dans ce dernier cas, la double preuve de la simulation et de la mauvaise foi est difficile et si peu prati-
cable qu'elle ne doit se présenter jamais ou presque jamais
en pratique, on a négligé cette hypothèse.

La voici en peu de mots et en nous servant de l'exemple
ci-dessus :

Nous supposons toujours une vente fictive et une transcription faite par le prétendu acheteur; nous supposons de plus qu'un sous-acquéreur de mauvaise foi transcrit son titre de vente avant la transcription de la contre-lettre. Le premier vendeur ou l'un de ses ayants cause attaque le sous-acquéreur. Devra-t-il triompher? Dans notre système, il aura gain de cause; dans le système de nos adversaires, il sera débouté de sa demande. De quel côté pourtant est le bon droit et, nous osons le dire, le texte de la loi?

Ajoutons que dans notre système, comme dans le système adverse, la question de transcription ne se pose pas au sujet des rapports entre les parties à la simulation et qu'elle doit être absolument laissée de côté. La transcription ne règle que les rapports des parties avec les tiers ou des tiers entre eux. De plus, la loi de 1855 ne permettant pas aux créanciers chirographaires d'opposer le défaut de transcription, à l'égard de ces derniers, même dans le système adverse, on maintient l'application de l'article 1321.

Tout ce que nous pouvons concéder à nos adversaires, c'est qu'en pratique les tiers, aux cas où cela leur sera possible, préféreront invoquer la loi de 1855 plutôt que l'article 1321, à cause de la difficulté des preuves qu'exige ce dernier. Mais cela ne change pas les principes. D'autre part, nous concéderons que, dans la première hypothèse que nous avons étudiée, il sera difficile de considérer le tiers comme de bonne foi, puisqu'il a pu et dû se renseigner au bureau des hypothèques avant de transcrire et de se croire propriétaire. Mais sur tous les autres points nous croyons devoir maintenir nos solutions.

CHAPITRE VI

De la preuve en matière d'actes simulés et de contre-lettres.

Nous diviserons cette étude en plusieurs parties et nous étudierons successivement :

1° Quels actes sont susceptibles d'être argués de simulation ;

2° Quelles sont les personnes qui peuvent agir ;

3° Quels sont les modes de preuves admis par la loi ;

4° Quelle est la nature et quelles sont les conditions auxquelles sont soumises les actions en justice des divers intéressés.

SECTION Iʳᵉ

QUELS SONT LES ACTES SUSCEPTIBLES D'ÊTRE ARGUÉS DE SIMULATION ?

En règle générale, tout acte peut être argué de simulation. Peu importe qu'il soit constaté par un écrit authentique ou sous seings privés, qu'il remplisse ou non les conditions de l'article 1328, qu'enfin même il soit transcrit ou qu'il ne le soit pas. Établissons tout d'abord cette règle, qui a parfois été sujette à certaines contestations.

Nous dirons d'abord que l'acte authentique peut être aussi bien argué de simulation que l'acte sous seings privés. Les doutes, qui sont impossibles au sujet du second, ont surgi au sujet du premier non pas sur l'admissibilité même de l'action, mais bien sur le mode à employer pour la mettre en mouvement. Certains auteurs, en effet, ont essayé de soutenir

qu'il fallait, pour réussir à l'action, user de la procédure
d'inscription de faux. Il ne peut y avoir évidemment là
qu'une manière de voir inexacte et reposant sur une confusion. On oublie que tout ce qui se trouve dans un écrit authentique, n'est pas par cela même et par cela seul vrai jusqu'à
inscription de faux; qu'il faut soigneusement distinguer,
d'une part, les assertions et affirmations émanant de l'officier
et ayant trait à ce qui s'est passé devant lui, à ce qu'il a vu
et entendu, et, d'autre part, les déclarations qui lui ont été
faites par les parties et dont il n'a pu vérifier ni la portée, ni
la véracité; que les premières seules exigent pour être combat-
tues la procédure extraordinaire et spéciale de l'inscription de
faux et non les secondes. Il est dès lors évident que les intentions des parties, qui donnent lieu à la simulation, font
partie de ces affirmations qui émanent de l'initiative des particuliers et dont l'officier public ne peut toujours pénétrer le
secret et apprécier la valeur réelle. Il n'y aura donc pas nécessité de s'inscrire en faux pour arguer un acte de simulation.
La doctrine la plus autorisée ainsi que la jurisprudence tran-
chent du reste la question dans ce sens [1].

Au sujet de l'article 1328 quelques doutes s'étaient aussi
élevés, tout au moins peu après la promulgation du Code. Certains auteurs et notamment Merlin [2], en se basant sur l'ancien droit et sur des notions peu exactes qu'ils avaient au
sujet des contre-lettres, ont essayé de soutenir une opinion
bien étrange. Pourvu qu'un acte remplisse les conditions de
cet article 1328, il devient, à leur avis, par cela même et par

---

1. Montpellier, 8 février 1876 ; S. 76, II, 295. — Cass. 13 juillet 1874;
S. 74, I, 469. — Cass. 9 nov. 1875; S. 77, I, 293. — Cass. 24 janvier 1881 ;
S. 81, I, 404. — Cass. 30 juin 1879 ; S. 81, I, 397. — Cass. 26 juin 1883;
S. 84, I, 367. — Cass. 12 déc., 1883 ; S. 85, I. 80. — Voir de plus : Demo-
lombe, XXIX, 318 et 319; Aubry et Rau, t. VIII, § 756 *bis*, note 10.
2. Merlin, *Répertoire de jurisprudence*, v° *Contre-lettre*.

cela seul opposable aux tiers et ne pourra plus être argué par eux de simulation.

Mais M. du Plasman [1] et, après lui, tous les auteurs ainsi que la jurisprudence sont venus faire justice de cette théorie, qu'ils ont victorieusement réfutée.

Il faut remarquer, en effet, que l'article 1321 est conçu en termes absolus et que, du reste, l'accomplissement des formalités et la réalisation des faits visés par l'article 1328 ne sont nullement à même de changer le caractère de l'acte simulé; ils ne peuvent évidemment transformer la fiction en réalité. Leur présence ne peut donc empêcher l'admissibilité de l'action en déclaration de simulation. Ce qui du reste a induit en erreur les partisans de l'opinion contraire, c'est, comme le dit très bien M. du Plasman, la confusion qu'ils font entre les simples actes additionnels ou modificatifs et les véritables contre-lettres, confusion faite dans l'ancien droit et qui étonne, si l'on pense à l'énorme différence qui sépare ces deux sortes d'actes. Au reste, l'article 1321 serait sans portée aucune s'il suffisait d'une formalité aussi simple que celle de l'enregistrement ou même de l'arrivée des faits visés par l'article 1328 pour écarter son application. Il est du reste inutile d'insister [2].

---

1. Du Plasman, *Des Contre-Lettres*, Ire partie, § 1. — (Cass. 20 avril 1863; S. 63, 1, 230. — Toulouse, 28 mai 1874; S. 74, II, 153.)

2. Voir, au sujet de l'article 1328, un arrêt déjà ancien, qui a donné lieu à une consultation de MM. Piet et Vatimesnil. (Cass. 9 février 1848; S. 48, I, 481.) Cet arrêt ne tranche pas la question qui nous occupe en ce moment, mais indique que, dans l'application de l'article 1321, l'article 1328 doit être absolument mis hors de cause. C'est ainsi qu'il admet que le prête-nom vis-à-vis des tiers qui connaissent sa qualité, n'a d'autres pouvoirs que ceux d'un mandataire, et que peu importe que cette qualité de prête-nom résulte d'une contre-lettre qui n'a acquis date certaine que depuis le décès du mandant, si, d'ailleurs, avant ce décès, cette qualité était connue des tiers avec lesquels le prête-nom a traité.

Restent deux dernières questions, celles de savoir si la
transcription de l'acte entaché de simulation ou la purge qui
a eu lieu à son sujet l'empêchent d'être attaqué pour cause de
simulation. Au sujet de la première de ces questions, nous
avons déjà donné précédemment notre avis; il ne nous reste
donc plus qu'à étudier la seconde. La solution que nous
avons donnée au sujet de l'une, fait du reste préjuger celle
que nous donnerons à l'autre. Le fait de la transcription,
pas plus que celui de la purge, ne peut être à même de
changer la nature de l'acte simulé et ne peut dès lors
constituer une fin de non-recevoir à l'action en déclaration
de simulation. Seulement, au lieu de nous trouver en désac-
cord avec la majorité des auteurs, nous nous trouvons ici en
parfait accord, au point de vue de la purge, non seulement
avec les auteurs, mais encore avec la jurisprudence.

Voici, du reste, l'hypothèse telle qu'elle s'est présentée en
pratique.

Primus a un immeuble hypothéqué à plusieurs créanciers.
Il le vend à Secundus pour un prix apparent de 80,000
francs et par une contre-lettre ce prix est élevé à 100,000
francs. Secundus remplit les formalités de la purge et offre
le prix apparent aux créanciers inscrits. Ceux-ci ne font pas
surenchère. Un ordre s'ouvre et, après sa clôture, les créanciers hypothécaires en question font une saisie-arrêt du prix
occulte et demandent à prouver la simulation du prix apparent [1].

La question est de savoir si Secundus peut leur opposer
l'absence de surenchère d'une part et si, d'autre part, il
n'y a pas là une fin de non-recevoir suffisante, la purge em-
pêchant toute action subséquente des créanciers.

---

1. Voir Cass. 29 avril 1839 ; S. 39, I, 435.

La cour de Lyon débouta les créanciers de leur demande, en disant que la purge avait fait perdre à ces derniers leur droit de suite. Il y avait là, évidemment, une erreur. Que ce droit de suite ait été perdu dans la mesure où la vente ostensible était réelle, nous le concédons volontiers ; mais qu'il ait été perdu aussi pour la part où cette vente était fictive, c'est ce que nous ne comprenons pas. Il n'y a eu, en fin de compte, aucune purge au point de vue du supplément de prix. C'est ce que n'a pas compris la Cour de cassation, qui a cassé cependant l'arrêt de la cour de Lyon, mais pour des motifs tout autres que ceux que nous donnons et en invoquant l'article 1167 du Code civil, qui n'a rien à voir à l'affaire, puisque les créanciers ne demandaient nullement la révocation de la vente et l'annulation de la purge intervenue et qu'ils ne l'auraient pu faire. Ce que la Cour de cassation aurait dû dire, c'est que la purge ne s'étendait pas au supplément de prix et que, dès lors, les créanciers étaient dans leur droit de demander l'ouverture d'un ordre supplémentaire à son sujet ; que, de plus, l'absence de surenchère ne pouvait être opposée aux créanciers hypothécaires, ce droit n'étant pas une obligation pour eux et étant des plus onéreux et des plus chanceux. Elle serait ainsi parvenue aux mêmes résultats et par des voies et des raisonnements plus juridiques.

Nous pouvons donc poser, en règle générale, que tous actes sont susceptibles d'être argués de simulation et, par suite, déclarés fictifs et inexistants en tout ou en partie. Néanmoins, nous verrons et nous avons déjà vu que cette règle comportait des exceptions.

SECTION II

QUELLES SONT LES PERSONNES QUI PEUVENT AGIR ?

En principe, toute personne (aussi bien les parties à la simulation que les tiers), peut mettre en œuvre l'action en
déclaration de simulation. Il suffit qu'elle y ait intérêt[1].

Un doute pourrait naître au premier abord au sujet des
parties à la simulation, en tenant compte du vieil adage :
Nemo auditur propriam suam turpitudinem allegans. Mais
ce doute doit être écarté, comme nous allons essayer de le
démontrer, en mettant en lumière et sa portée et son champ
d'application.

A notre avis, et nous croyons du reste que c'est l'avis général, la simulation en elle-même et considérée indépendamment de la nature des actes où elle intervient, ne constitue un acte illicite qu'en tant qu'elle cherche à faire
produire des effets à l'acte simulé. Vouloir rétablir son caractère véritable et faire proclamer son inexistence ne
constitue d'aucune façon un acte malhonnête et une turpitude. L'adage précité n'a donc pas d'application, en ce qui
concerne d'abord les rapports des parties à la simulation
entre elles.

En ce qui concerne les rapports de ces dernières avec les
tiers, nous avons vu, en faisant l'étude de l'article 1321, à
quelles conditions il leur était possible de prouver la simulation et de s'en tenir à la réalité des choses. Nous n'avons
donc pas à y revenir. Ici encore, du reste, le fait de vouloir
s'en tenir à la contre-lettre ne constitue pas une turpitude

1. Limoges, 28 nov. 1849 ; S. 51, II, 413. — Aix, 25 janvier 1871 ; S. 71,
II, 264. — Cass. 30 juin 1879; S. 81, I, 397.

et, dans les cas où il est défendu aux parties à la simulation, ce n'est que par suite de la volonté du législateur de protéger les tiers et non parce que ce fait est malhonnête en lui-même[1].

Mais l'adage reprend ses droits dans certains actes juridiques, qu'il s'agit de déterminer, et où des raisons d'ordre public et d'intérêt général militent en faveur de l'application de la maxime que nous étudions en ce moment.

En tête de ces actes juridiques, nous placerons le mariage, la reconnaissance d'enfant naturel et l'adoption. A leur sujet, nous admettrons en principe que personne ne peut faire la preuve de la simulation qui peut les entacher. C'est là, du reste, l'opinion généralement admise. Qu'au point de vue des textes elle soit parfaitement justifiée, nous en doutons fort ; mais au point de vue des principes, son admissibilité ne peut être contestée. Comment admettre, en effet, qu'un individu vienne devant un tribunal avec la prétention étrange de faire déclarer inexistants et fictifs pour raison de simulation des actes aussi sérieux et aussi solennels dans leur essence même que ceux dont nous parlons ? Comment admettre qu'il réussisse dans une pareille tentative ? La sincérité de pareils actes ne peut évidemment, en principe, être mise en doute et attaquée par personne. Néanmoins, on fait une exception quand des raisons graves et supérieures d'ordre

---

1. « Attendu que la loi romaine à laquelle on emprunte la maxime « *Nemo* « *auditur...* » prévoit le cas où l'une des parties qui a exécuté le contrat « veut répéter ce qu'elle a payé ; qu'on écarte alors la demande par appli-« cation de la règle « *In turpi causâ, melior est causa possidentis* », mais « que cette règle n'est pas applicable au cas où la partie allègue la nullité « d'un contrat honteux ; précisément pour s'affranchir de l'exécution de l'o-« bligation ;..... Que la force des choses et la moralité de la loi exigent « qu'on puisse prouver par tous les modes de preuve, la cause illicite cachée « sous des déguisements destinés à sauver l'acte du vice de nullité dont il « est infecté. » (Toulouse, 28 avril 1880 ; S, 82, II, 222.)

public viennent combattre et primer celles dont nous parlons. Mais quelles sont ces raisons et en faveur de qui seront-elles assez puissantes pour permettre d'agir? Telle est la question bien délicate sur laquelle on est loin d'être toujours d'accord.

Nous croyons, pour notre part, que ces motifs d'ordre public ne se présentent que quand ces actes simulés cachent des libéralités soit entre vifs, soit à cause de mort, destinées ou à frustrer des héritiers réservataires, ou à gratifier des incapables. Il en résulte, par suite, que ce seront, dans le premier cas, les héritiers réservataires seuls qui pourront agir, et seulement dans la mesure où la chose sera nécessaire pour qu'ils obtiennent leur réserve et que, dans le second, ce seront toutes personnes intéressées dans la mesure de l'incapacité des gratifiés. Cette action, que nous ne donnerions en aucun cas aux parties à la simulation, n'annule pas l'acte simulé lui-même, mais seulement la libéralité, c'est-à-dire la convention réelle. L'acte simulé reste debout, malgré la preuve que l'on fait de son caractère fictif et non sérieux, parce que cette preuve n'a pour but que de faire tomber la donation ou le legs. On peut donc dire que les actes dont nous nous occupons sont inattaquables et restent sérieux et valables envers et contre tous.

Ne faut-il pas, maintenant, placer dans la même catégorie les jugements et les considérer, eux aussi, comme insusceptibles d'être argués de simulation, par cela seul qu'ils existent et en tant qu'ils existent? Pour résoudre cette question, nous croyons nécessaire de faire certaines distinctions, notamment entre les jugements d'expédient et les jugements contradictoires et, de plus, chez ces derniers, entre les jugements ordinaires et ceux qui ont trait à des questions d'état et de capacité légale.

Tout d'abord, en ce qui concerne les jugements d'expédient, la preuve de leur simulation est admise. Au sujet des tiers, cette solution est toute naturelle et ne peut faire l'ombre d'un doute. Il n'y a, pour eux, aucun empêchement dérivant soit de la chose jugée, puisqu'il n'y a pas identité de personnes dans les deux décisions judiciaires, soit de la maxime : *Nemo auditur propriam suam turpitudinem allegans,* puisqu'il n'y a rien à leur reprocher. En est-il de même pour les parties à la simulation? Nous le croyons et cela pour les raisons suivantes. Si l'on admettait, en effet, le contraire, on rendrait la fraude inattaquable. Du reste, il ne faut pas oublier que pareils jugements ne sont, en somme, que des transactions judiciaires, des conventions que, par voie de juridiction gracieuse, les juges revêtent de la forme authentique et auxquelles ils attribuent certains avantages spéciaux. Nous ne sommes donc pas en face de décisions judiciaires véritables, et dès lors, la dignité de la justice n'est pas grandement intéressée à les maintenir. Rien n'empêche donc l'admissibilité de l'action. La jurisprudence tend, du reste, à se rallier à ce système qui se base sur ce principe élémentaire que tout ce qui n'est pas défendu est permis et qu'en l'absence d'une prohibition expresse ou résultant de motifs graves, tout individu peut agir en justice et faire reconnaître son bon droit.

Mais toute différente sera notre solution en cas de jugements autres que ceux d'expédient. Ici, nous refuserons l'action à ceux qui auront été parties au jugement et nous appliquerons l'article 1351 dans toute sa rigueur. Cette solution, quelque dure qu'elle puisse paraître, nous semble commandée par la nécessité même des choses. Des raisons d'ordre public militent en sa faveur. Aucune condamnation ne serait en effet à l'abri de la critique, si l'on admettait la doctrine contraire. Et quelle serait alors la confiance et le respect des particuliers pour des décisions judiciaires qui, à tout instant et par toute personne, pourraient être attaquées pour cause de simulation ? Quelle serait la valeur de la chose jugée ? Elle serait évidemment de peu de poids. Il faut donc, croyons-nous, refuser l'action dans tous les cas aux parties à la simulation [1].

En sera-t-il de même pour les tiers ? Nous ne le croyons pas. Comme ils ne sont entravés ni par les principes de la chose jugée, ni par la maxime *Nemo auditur.....*, ils sont libres d'attaquer le jugement en tant qu'il constate un acte juridique comme sérieux et réel alors qu'il est simulé et fictif; il n'y a là, du reste, rien que de juste. Néanmoins, nous ferions une exception pour certains jugements, c'est-à-dire ceux qui ont trait à l'état et à la capacité légale des personnes. Au sujet de ceux de divorce et de séparation de corps, nous les considérons comme absolument inattaquables. Au sujet des jugements de séparation de biens, il y a, au contraire, des règles spéciales. Tout d'abord, en vertu de l'article 1444, la séparation de biens, quoique prononcée en justice, est nulle si elle n'a été exécutée dans la quinzaine et cette nullité peut être poursuivie par toute personne intéressée. Mais, outre cette disposition, qui repose assurément sur une présomption de simulation, la loi en édicte d'autres, dont il faut tenir compte. Après avoir, en effet, accordé aux tiers toutes les garanties imaginables pour les préserver de tous dangers et éviter dans la mesure du possible toute surprise,

---

1. (Nîmes 3 juillet 1838; S. 39, II, 244. — Cass. 27 mai 1840: S. 40, I, 620. — Cass. 13 avril 1841; S. 41, I, 637.) « Attendu qu'une fois que le débiteur est devant la justice, il est affranchi de toute contrainte, et que si, cependant, il garde le silence sur l'usure dont plus tard il se déclare victime, et se laisse condamner par un jugement qui n'est pas attaqué dans le délai prescrit, ce jugement ne peut plus être renversé. » (Cass. 8 mars 1847; S. 47, I, 470.)

elle leur a imparti un délai pendant lequel il leur est loisible d'attaquer le jugement. Ce délai est d'un an, mais il est fatal et, s'il est expiré avant que les tiers intéressés aient agi, le jugement reste et demeure inattaquable à l'égard de tous.

Du reste, en parlant de ces divers jugements spéciaux, nous n'entendons nullement étendre ces règles aux simulations et contre-lettres qui pourront survenir dans la suite, lors de la liquidation et du partage ; les règles générales s'appliqueront évidemment à ces simulations et contre-lettres, et non les règles spéciales que nous venons d'exposer.

Il nous reste à parler maintenant de certaines simulations qui ont pour but de frauder la loi et qui, elles aussi, admettent des règles spéciales.

Mais que faut-il entendre tout d'abord par simulations ayant pour but de frauder la loi? C'est, peut-on dire, une simulation qui, dans l'intention de ceux qui l'emploient, doit leur permettre d'échapper aux prescriptions et aux prohibitions légales. Mais cela suffit-il? Évidemment non. Il faut encore que la disposition légale à laquelle on veut échapper, soit édictée non pas tant en vue d'un intérêt privé qu'en vue de l'intérêt général et de l'ordre public. Après avoir donc constaté le but poursuivi par les parties à la simulation et s'être rendu compte qu'elles ont voulu éluder la loi, il faut encore rechercher les motifs qui ont guidé le législateur et leur caractère. Ce n'est qu'après ces constatations préliminaires qu'il est possible de savoir s'il y a ou non fraude à la loi.

Ceci posé, il s'agit de savoir quelles seront les personnes qui pourront attaquer l'acte simulé et faire prévaloir la contre-lettre. La réponse doit, à notre avis, se formuler de la façon suivante: toute personne intéressée, qu'elle soit partie à la simulation ou tiers, peut agir et cela contre toute personne, même si cette dernière a la qualité de tiers de bonne foi. Il est facile de voir que l'admission de cette règle écarte non seulement la règle *Nemo auditur*..... mais encore l'article 1321, qui veut qu'en principe l'acte fictif puisse être maintenu comme s'il était réel, par les tiers qui y trouvent intérêt et sont de bonne foi. Comment alors justifier cette double dérogation? Quant à la première, nous n'insisterons pas. Comme nous l'avons vu, la maxime *Nemo auditur*..... est fort loin d'avoir la portée qu'on pourrait lui attribuer à première vue en notre matière et, en tout cas, n'est d'aucun poids devant l'intérêt supérieur de la loi, qui, avant tout, veut être respectée et dont les simulants comme tous autres doivent pouvoir prendre la défense. Mais quant à la seconde de ces dérogations, qui du reste est la seule véritable, la difficulté est plus grande. Néanmoins nous n'hésitons pas à l'admettre. Nous sommes en effet en présence du conflit suivant : d'une part, l'article 1321 destiné à protéger les intérêts des tiers ; d'autre part, les divers articles du Code basés sur des motifs d'ordre public et d'intérêt général. De plus, il nous est impossible de concilier ces deux intérêts contraires et nous sommes contraint à sacrifier l'un à l'autre. Dans de pareilles conditions, l'hésitation ne peut durer, en admettant qu'elle puisse naître. L'intérêt de la loi, c'est-à-dire l'intérêt de tous, doit évidemment primer l'intérêt privé représenté par certains particuliers.

La jurisprudence a, du reste, fait quelques applications intéressantes de cette règle et il ne sera peut-être pas inutile de les passer rapidement en revue.

Nous en avons déjà vu une première application en matière de cessions d'offices ministériels, et nous avons suffisamment insisté en ce moment sur le point qui nous occupe, pour qu'il soit inutile d'y revenir.

Il en sera de même en cas d'actes juridiques basés sur une cause illicite ou immorale, de créances prenant leur source par exemple dans un fait d'usure, de pari ou de jeu. De même, dans les cas visés par les articles 1596 et 1597 du Code civil [1].

Dans tous ces cas, l'article 1321 cesse de s'appliquer et c'est d'après l'acte réel que l'on règle les droits respectifs des divers intéressés, acte réel toujours nul en tout ou en partie.

Reste une dernière sorte d'actes juridiques, au sujet desquels quelques doutes se sont élevés relativement aux personnes ayant le droit d'agir en déclaration de simulation d'une part et, d'autre part, en nullité de l'acte réel et sérieux lui-même. Nous voulons parler des donations entre époux faites par personnes interposées ou sous les apparences de contrats à titre onéreux.

Nous avons déjà vu précédemment que les auteurs et la jurisprudence étaient loin d'être d'accord sur la portée qu'il était juste d'attribuer aux dispositions de l'article 1099 ; nous avons vu aussi que quatre systèmes avaient pris naissance sur là question de savoir si cet article entraînait ou non la nullité et ensuite dans quels cas et dans quelle mesure il l'entraînait. Nous devons avouer, à notre grand regret, que l'accord n'existe guère plus lorsqu'il s'agit de déterminer quelles sont les personnes qui peuvent invoquer l'article 1099 et attaquer la donation.

---

1. Au sujet des articles 1596 et 1597, il peut y avoir néanmoins doute, l'opinion dominante semblant admettre que la nullité n'est que relative et non d'ordre public. (Cass. 1er mars 1882 ; S. 83, I, 169. — Orléans 7 juillet 1883 ; S. 83, II, 247.) Nous croyons néanmoins qu'il y a là une question d'ordre public qui est en jeu. Admettre la solution contraire, c'est rendre les parties maîtresses d'éluder les articles 1596 et 1597, ce qui n'est pas, croyons-nous, dans la pensée de la loi. Un arrêt tout récent vient néanmoins encore de consacrer l'opinion adverse. (Cass. 18 nov. 1884 ; S. 85, I, 68.)

Deux systèmes principaux se sont fait jour à ce sujet. Le premier admet que toute personne intéressée peut faire cette preuve, tandis que le second ne l'admet qu'en faveur des héritiers réservataires. Ce dernier tient assurément compte du but principal que la loi a eu en vue et qui consiste à protéger certains héritiers qu'elle voit d'un œil très favorable. Mais il oublie, par contre, qu'il y a là une question d'ordre public engagée et que dans ce cas il est de principe que toute personne intéressée peut se prévaloir de la nullité. Nous nous rallierons donc au premier système, qui du reste a pour lui la majorité des auteurs, mais non la jusrisprudence la plus récente. Nous reviendrons sur ce point en traitant des présomptions en matière de simulation.

SECTION III

QUELS SONT LES MODES DE PREUVE ADMIS PAR LA LOI ?

Nous ne nous occupons ici que des modes de preuves relatives à l'action en déclaration de simulation et qui ont pour but d'arguer de simulation l'acte apparent et de faire apparaître la convention réelle. En ce qui concerne la preuve de l'acte ostensible, ce sont évidemment les règles ordinaires qui s'appliquent.

Cette réserve faite, nous distinguerons, au point de vue des modes de preuve, suivant que ce seront les parties à la simulation, ou bien les tiers, qui voudront en user. Les règles qui régissent en effet ces deux classes de personnes sont profondément différentes.

Voyons d'abord quels sont les modes de preuve dont l'emploi est permis aux parties à la simulation. En ce qui concerne l'aveu et le serment, il n'y a pas de difficulté ; de même pour la preuve par écrit et la preuve testimoniale ou par simples présomptions, lorsque, dans ces deux derniers cas, il y a commencement de preuve par écrit. Ce n'est là, du reste, que l'application des règles de droit commun.

Mais la preuve testimoniale ou par simples présomptions sera-t-elle encore admise en cas d'absence de tout commencement de preuve par écrit ? On est d'accord pour résoudre négativement la question en règle générale. L'article 1341 pose en effet en principe, ainsi que l'article 1353, que ces deux sortes de preuves ne sont pas admises contre et outre le contenu aux actes. L'accord néanmoins cesse, et grave est la discussion, lorsqu'il s'agit de savoir s'il ne faut pas apporter une exception à cette règle générale, lorsque la simulation couvre une fraude à la loi. Nous nous sommes déjà expliqué antérieurement sur le sens qu'il fallait attacher à ces termes et nous pouvons donc immédiatement entrer dans l'exposé des deux systèmes suivis et apprécier leur mérite respectif.

Un premier système, dont M. Laurent est un des éloquents défenseurs [1], refuse en pareil cas l'admission de la preuve soit testimoniale, soit par simples présomptions et se base par conséquent sur les termes absolus des articles 1341 et 1353 du Code civil. Il n'admet qu'une exception unique à cette règle et la fait dériver de l'article 1348 du même Code. Il faut donc, d'après son système, pour pouvoir user de ces modes de preuve, s'être trouvé, lors de la simulation, dans l'impossibilité physique ou morale de s'en procurer une preuve littérale, d'obtenir une contre-lettre écrite. Le principe posé, reste à savoir dans quels cas cette impossibilité existera, et c'est ce que M. Laurent cherche à déter-

1. Laurent, t. XIX, n° 590.

miner à l'aide de quelques règles générales. Au sujet de l'impossibilité physique, la solution doit être laissée à la libre appréciation des juges et, la question étant toute de fait, il est impossible de donner une règle absolue. Mais au sujet de l'impossibilité morale, il en est tout autrement et M. Laurent n'admet qu'elle n'existe et que les modes de preuves dont nous parlons ne doivent être admis que dans les deux cas suivants : 1° quand la fraude à la loi a pour objet de déguiser des délits, tels que l'entrave apportée à la liberté des enchères, la contrebande, l'usure, etc. ; 2° quand elle déguise des faits qui, sans être délits criminels, sont contraires à l'ordre public et aux bonnes mœurs, mais sous la réserve que l'impossibilité morale soit prouvée, et qu'elle ne le sera que quand, dressant un écrit, les parties se donneraient une preuve de la nullité de leur convention.

Le second système, qui est celui de la jurisprudence, admet au contraire les parties à la simulation à user de tous les modes de preuve possibles et notamment des preuves testimoniales et par simples présomptions, en cas de fraude à la loi. Il s'appuie principalement, pour en décider ainsi, sur les derniers mots de l'article 1353 du Code civil, qui est conçu en ces termes : « Les présomptions qui ne sont point établies par la loi, sont abandonnées aux lumières et à la prudence du magistrat, qui ne doit admettre que des présomptions graves, précises et concordantes, et dans le cas seulement où la loi admet les preuves testimoniales, à moins que l'acte ne soit attaqué pour cause de fraude ou de dol. » Les derniers termes de cet article ont donné lieu au raisonnement suivant : la loi admet la preuve par simples présomptions aux cas où l'acte est attaqué pour cause de dol ou de fraude, et cela sans condition aucune ; or, le terme de fraude comprend aussi bien la fraude à la loi que la fraude à l'égard des tiers; il n'y a donc pas de distinction à établir entre ces deux sortes de fraudes au sujet de l'exception que formule la finale de l'article 1353, et la preuve par simples présomptions doit être admise. De plus, par voie de conséquence, la preuve par témoins doit l'être aussi, puisque, dans la pensée de la loi et dans ses diverses dispositions, elle est corrélative en principe à la preuve par simples présomptions[1].

Pour notre compte, nous nous rallierons au système de la jurisprudence, non pas tant à cause de l'article 1353, qui nous semble présenter un argument bien faible, qu'à cause d'autres considérations que nous allons rapidement développer.

Notre point de départ sera le même que celui du premier système, c'est-à-dire l'inadmissibilité en principe des deux modes de preuves en question, mais notre conclusion sera toute différente. Nous croyons, en effet, que l'impossibilité morale dont parle l'article 1348 existe dans tous les cas où il y a fraude à la loi, et c'est ce qu'il s'agit de démontrer.

Il ne faut pas oublier la formule employée par M. Laurent pour déterminer les cas où l'impossibilité morale existera. D'après lui, toutes les simulations, où les parties, en dressant un écrit, se donneraient une preuve de la nullité de leurs conventions, présentent ce caractère. Or, cette concession nous semble annihiler totalement son système. Il est évident qu'en cas de fraude à la loi, l'opération des simulants est nulle dans la mesure même où les parties ont voulu la fraude; il y aura donc nullité totale ou partielle, mais toujours nullité, et cela dans tous les cas. On arrive donc aux mêmes résultats par l'article 1348 que par l'article 1353, c'est-à-dire à l'admissibilité tant de la preuve tes-

1. Toulouse, 28 avril 1880; S. 82, II, 222.

timoniale que de celle par simples présomptions. Il est vrai
que pour échapper à la logique de ce raisonnement, nos adversaires cherchent à faire une distinction entre le cas où la
nullité affecte l'opération tout entière et celui où elle ne
l'affecte qu'en partie, ainsi qu'il arrive en cas de réduction
de donations déguisées entre époux en faveur des héritiers
réservataires. Mais cette distinction ne repose évidemment
sur aucune base solide et semble un peu faite pour les besoins de la cause. Il n'y a, entre ces deux situations, qu'une
différence de moins à plus, et cette différence ne peut influer
sur l'impossibilité morale qui existe au même titre dans les
deux cas.

Au reste, un dernier argument peut être invoqué en faveur
de notre système, et c'est lui, à ce que nous croyons, qui a le
plus de poids dans la discussion et doit emporter tous les
suffrages. M. Bédarride l'a résumé en termes éloquents, en
s'exprimant de la façon suivante :

« Mais au-dessus de l'intérêt personnel se place l'intérêt
public; celui-ci ne pouvait tolérer qu'on pût impunément vio-
ler la loi, blesser la morale ou outrager les mœurs. Consé-
quemment la simulation, ayant pour objet de masquer l'un
de ces trois buts, est frappée d'une nullité radicale que les
parties elles-mêmes peuvent invoquer. De là il suit qu'elles
sont recevables à prouver par témoins toutes les circonstances constitutives du fait prohibé ou illicite. On ne saurait admettre le contraire sans consacrer ce singulier résultat : que la loi qui veut la fin aurait refusé les moyens [1] [2]. »

---

1. Bédarride, *Du Dol et de la Fraude*, t. II, n° 765.
2. Remarquons, du reste, que la discussion perd beaucoup de son intérêt
si l'on tient compte d'une jurisprudence constante qui admet que l'interroga-
toire sur faits et articles peut constituer un commencement de preuve par
écrit. C'est cette voie qui, en pratique, sera nécessairement le plus souvent
suivie. (Aix, 25 janvier 1871; S. 71, II, 264.)

En ce qui concerne maintenant les tiers, il ne peut s'élever aucun doute. Ils sont évidemment admis à prouver la simulation de l'acte par tous les moyens possibles et par suite aussi par témoins et par simples présomptions. Il leur a été en effet impossible de se procurer une preuve écrite de la simulation et dès lors l'article 1348 trouve à leur égard son application toute naturelle. La jurisprudence et la doctrine sont du reste d'accord pour admettre cette solution [1].

Avant de terminer, étudions encore quelques présomptions établies par la loi au sujet de la simulation. Il est à remarquer, en effet, que la preuve est souvent délicate et difficile, lorsqu'il faut démontrer le caractère fictif et non sérieux d'un acte juridique; il est dès lors bien compréhensible que la loi ait cherché à faciliter cette tâche dans certains cas spéciaux et à dispenser de toute preuve, à l'aide de présomptions qu'elle a créées.

Ces présomptions sont établies par les articles 911, 918, 1100 et 1840.

« Art. 918. La valeur en pleine propriété des biens aliénés, soit à charge de rente viagère, soit à fonds perdu, ou avec réserve d'usufruit, à l'un des successibles en ligne directe, sera imputée sur la portion disponible; et l'excédant, s'il y en a, sera rapporté à la masse. Cette imputation et ce rapport ne pourront être demandés par ceux des autres successibles en ligne directe qui auraient consenti à ces aliénations, ni, dans aucun cas, par les successibles en ligne collatérale [2]. »

---

1. Cass. 28 mai 1879 ; S. 80, II, 281. — Cass. 9 déc., 1879 ; S. 80, I, 107. — Cass. 24 janvier 1881 ; S. 81, I, 404.

2. M. Gabriel Demante soutient, dans une note qui se trouve au-dessous d'un arrêt récent (Cass. 14 janvier 1884 ; S. 84, I, 97), que l'article 918 ne pose pas une présomption de simulation et ne fait que régler la façon dont doit être régie la situation, lorsque jusqu'au décès il y a eu une vente dans

· Dans cet article, le législateur visant les aliénations soit à charge de rente viagère, soit à fonds perdu, intervenues entre une personne et l'un de ses successibles en ligne directe, les soumet à des règles spéciales. Considérant ces aliénations comme présentant un caractère équivoque et comme couvrant le plus souvent des libéralités, il a préféré trancher lui-même la question, déterminer la nature de ces actes et ne pas laisser à ce sujet pouvoir d'appréciation aux juges. Quelles que fussent les intentions des contractants et ne fussent-elles même entachées d'aucune simulation, de pareilles aliénations seront toujours considérées comme des donations dispensées du rapport, mais soumises à la réduction. Remarquons du reste que cette présomption ne peut être invoquée que par les successibles en ligne directe, par les héritiers réservataires, et qu'il faut encore qu'ils n'aient pas consenti aux aliénations qu'ils veulent attaquer [1].

L'article 918 ne s'appliquera pas seulement au cas où le prix total de vente est une rente, mais encore au cas où la vente est faite partie pour un prix ferme et partie pour une rente, et même en cas d'échange avec soulte consistant en une rente dans la mesure de cette soulte. Le terme « aliéna-

les termes de l'article 918. Aussi approuve-t-il l'arrêt précité qui décide que si la nue propriété est venue s'adjoindre par un second acte de vente à l'usufruit avant l'ouverture de la succession l'article 918 ne s'applique plus. Il nous semble qu'il y a là une inexactitude ; la seconde vente ne change pas le caractère de la première, et la distinction proposée n'a aucune base dans le texte de la loi.

1. (Paris 2 février 1881 ; S. 81, II, 112.) D'après cet arrêt, le mot successible de l'article 918 s'entend de celui qui aurait aptitude à se présenter à la succession, si elle venait à s'ouvrir à l'époque même de la confection de l'acte. La question peut se poser lorsque, par exemple, un petit-fils contracte avec son aïeul du vivant de son père. Cette interprétation peut s'expliquer par suite du caractère exceptionnel de l'article 918 ; en matière de présomptions, l'interprétation restrictive est de rigueur ; aussi nous rallions-nous au sentiment de la cour de Paris.

tions » est assez large pour comprendre toutes ces diverses opérations et les raisons sur lesquelles repose l'article 918 s'y retrouvent chaque fois et à un égal degré.

Étudions maintenant les articles 911 et 1100. En voici le texte :

« Art. 911 : Toute disposition au profit d'un incapable sera nulle, soit qu'on la déguise sous la forme d'un contrat onéreux, soit qu'on la fasse sous le nom de personnes interposées. Seront réputées personnes interposées, les père et mère, les enfants et descendants, et l'époux de la personne incapable. »

« Art. 1100 : Seront réputées faites à personnes interposées, les donations de l'un des époux aux enfants ou à l'un des enfants de l'autre époux issus d'un autre mariage, et celles faites par le donateur aux parents dont l'autre époux sera héritier présomptif au jour de la donation, encore que ce dernier n'ait point survécu à son parent donataire. »

Ces deux articles ont tous deux trait aux interpositions de personnes et sont destinés à établir à l'égard de certains actes qu'ils déterminent une présomption de simulation *juris et de jure*. Tous deux ne s'appliquent qu'à des cas d'incapacités relatives et exclusivement à celles du chapitre qui les renferme. Mais si les présomptions de ces deux articles se ressemblent sur les points que nous venons d'indiquer, par contre, sous d'autres aspects, elles diffèrent profondément.

C'est ainsi qu'au nombre des personnes réputées interposées, l'article 911 place les père et mère de l'incapable, ses descendants et son époux, mais non les autres ascendants que les père et mère, que comprend au contraire l'article 1100. D'autre part, cet article 1100 ajoute encore à la liste des personnes interposées les enfants du second conjoint issus d'un autre mariage, que ne comprend pas l'article 911 et qui sont remplacés chez ce dernier par les enfants même de l'incapable.

Enfin, comme dernière différence on peut indiquer celle-ci. L'article 911 *in fine* ne s'applique plus dans le cas où il y aurait impossibilité matérielle à ce que la donation parvînt à l'incapable, par exemple s'il était mort au moment de l'ouverture du droit, tandis que l'article 1100 ne distingue pas et ne se préoccupe que du point de savoir si au moment de la donation le conjoint était ou non héritier présomptif de l'une des personnes qu'il vise, pour donner lieu à son application [1].

Reste une difficulté. Nous avons dit plus haut que chacun de ces articles ne s'appliquait qu'à des cas d'incapacités relatives et exclusivement à celles du chapitre qui les renferme. L'article 1100, comme l'article 1099 qui le précède, sert donc de sanction tant à l'article 1094 qui fixe le disponible entre époux n'ayant pas d'enfants d'un précédent mariage, qu'à l'article 1098 qui le fixe lorsqu'il en existe; sur ces points aucun doute ne s'est jamais élevé, mais une controverse s'est fait jour au sujet de l'article 1096, qui défend aux époux de se faire des donations irrévocables, les uns affirmant et les autres niant que les articles 1099 et 1100 lui servent de sanction.

Pour la négative, on a dit que les mots : « au delà de ce qui leur est permis par les dispositions ci-dessus », employés dans l'article 1099, indiquent bien que la loi n'a songé qu'aux dispositions limitant la faculté de disposer entre époux, et que dès lors elle ne s'occupe nullement de l'article 1096 conçu dans un tout autre ordre d'idées.

Pour l'affirmative, on peut dire que l'argument du système contraire ne peut être invoqué. Nous avons vu en effet, lors de

1. Voir néanmoins un arrêt qui met sur la même ligne, à ce sujet, les articles 911 et 1100. (Lyon 14 mai 1880; S. 81, II, 38.) Cette décision nous semble bien peu justifiée.

l'étude que nous avons faite antérieurement de l'article 1099, que les deux alinéas de cet article visaient deux cas totalement distincts et établissaient deux sanctions distinctes; il est donc impossible d'argumenter de l'un en faveur de l'autre. Le premier alinéa s'occupant des donations indirectes, doit donc être mis hors de cause dans la discussion présente et il est impossible d'argumenter des termes qui s'y trouvent. On peut ajouter ceci, que, même en invoquant ce premier alinéa, ce que nous ne croyons pas logique, on pourrait tirer argument de certains de ses termes en faveur du système qui soutient l'affirmative, puisque les mots « dispositions ci-dessus » sont assez larges pour comprendre aussi bien les articles 1096 que les articles 1094 et 1098.

Néanmoins, cet argument, pas plus que celui du système adverse, ne nous semble avoir grande valeur et nous préférerions raisonner simplement de la façon suivante : les donations entre époux, déguisées ou faites par personnes interposées, ne sont réglées que par le second alinéa de l'article 1099 et par l'article 1100, et il n'y a donc lieu de tenir compte que de ces textes. Or, l'article 1099, 2°, s'exprime d'une façon absolue et sans distinction aucune; ainsi qu'il ressort de ses termes « toute donation ». Il nous semble donc que l'interprète ne doit pas distinguer là où la loi elle-même ne distingue pas.

La jurisprudence admet ce dernier système, mais elle distingue au sujet des personnes qui peuvent invoquer la nullité. Lorsque la donation déguisée est faite par contrat de mariage, elle n'admet que les héritiers réservataires à se prévaloir de la nullité, tandis que si elle est faite pendant le mariage, la nullité pourra encore être demandée par le mari[1].

---

1. Cass. 25 juillet 1881; S. 82, I, 49. — Montpellier 28 février 1876; S. 76, I, 241. — Lyon 14 mai 1880; S. 81, II, 38. — Cass. 25 juillet 1881; S. 82, I, 417. — Cass. 22 juillet 1884; S. 85, I, 112.

Pour notre compte, nous préférons y voir une nullité d'ordre public, dont peut se prévaloir toute personne intéressée.

Nous en venons maintenant à la dernière des présomptions légales, à celle de l'article 1840 du Code civil, dont voici le texte :

« Nulle société universelle ne peut avoir lieu qu'entre personnes respectivement capables de se donner ou de recevoir l'une de l'autre et auxquelles il n'est point défendu de s'avantager au préjudice d'autres personnes. »

Cet article, qui laisse à désirer sous le rapport de la clarté, tout au moins dans sa partie finale, vise deux cas bien distincts et établit deux sanctions également distinctes. Ou bien la société universelle s'est formée entre deux personnes dont l'une était incapable d'avantager l'autre, et alors la loi pose la présomption que les sociétaires ont voulu tourner ses dispositions et annule la société par eux formée. Ou bien les sociétaires étaient parfaitement capables de s'avantager réciproquement, mais l'un d'entre eux, ou bien tous deux, laissent à leur décès des héritiers réservataires ; dans ce dernier cas, les interprètes de la loi ne sont plus d'accord sur la solution à admettre ; les uns veulent que la société soit nulle ; il est certain que le texte de la loi rigoureusement pris à la lettre leur donne raison et que cette décision cadre, dans une certaine mesure, avec celle du 2ᵉ alinéa de l'article 1099 ; les autres, au contraire, et ils ont pour eux la majorité des suffrages, repoussent cette solution comme trop sévère et ne ressortant pas assez nettement des termes de l'article 1840 ; ils se contentent de donner aux héritiers réservataires lésés, une action en réduction, lorsque l'avantage retiré de la société dépasse la quotité disponible [1]. Pour

1. Bédarride, *Du Dol et de la Fraude*, t. II, n° 659. Troplong, art. 1840, nᵒˢ 307 et suivants.

notre part, nous préférons nous rallier au premier système, tout en regrettant que la loi se soit montrée si sévère et ait rendu si précaire l'existence des sociétés universelles, puisque leur validité ne sera jamais assurée qu'après le décès des associés sans héritiers réservataires.

Dans notre système, nous admettrions que toute personne intéressée peut se prévaloir de la nullité. Il y a là une présomption *juris et de jure* et une nullité d'ordre public. Dans le système contraire on ne permettrait, au moins dans le second cas, qu'aux héritiers réservataires d'invoquer la présomption de l'article 1840.

Nous avons terminé ainsi tout ce que nous avions à dire sur la preuve en matière de simulation.

SECTION IV

NATURE DE L'ACTION ET DE L'EXCEPTION DE SIMULATION

Nous avons vu, dans le courant de cette étude, que la loi, en cas de simulation, admettait tantôt une exception pour écarter les effets et les conséquences de la contre-lettre, et tantôt une action en déclaration de simulation, pour écarter ceux de l'acte simulé, en tout ou en partie, dans la mesure où il est entaché de simulation. Nous avons vu aussi dans quels cas et à quelles conditions les parties et les tiers pouvaient employer l'un de ces deux moyens. Il ne nous reste donc plus qu'à déterminer la nature et le fondement de ces deux voies de droit, que l'on pourrait appeler les actions et exceptions de simulation.

Quant à la nature de l'action, elle est assez facile à déterminer. Elle consiste, en cas de simulation absolue, à faire déclarer fictif et inexistant l'acte ostensible qui n'a rien de sérieux ni de réel, et à faire apparaître au grand jour qu'il n'est qu'une vaine forme et une simple apparence. Elle consiste, en cas de simulation relative, à prouver de plus, l'existence d'une convention réelle qui, seule, s'est formée d'après l'intention des parties. Enfin, il est évident que cette preuve attribue un caractère fictif plus ou moins étendu, suivant que la simulation est totale ou partielle, à l'acte apparent.

Quant à l'exception, sa nature est tout aussi facile à déterminer. Elle consiste dans le droit pour certaines personnes déterminées de maintenir comme réel, en vertu de la volonté unique et supérieure de la loi et dans la mesure où elles y ont intérêt, un acte juridique, malgré le caractère de fiction et d'inexistence totale ou partielle dont il est entaché.

Quel est maintenant le fondement sur lequel reposent l'action et l'exception de simulation ?

En ce qui concerne l'action, il nous semble qu'elle repose uniquement sur cette règle de pur bon sens que, d'une part, le néant, c'est-à-dire l'acte fictif et simulé, ne peut rien produire et ne fait naître aucun lien légal, et que, d'autre part, la réalité seule, c'est-à-dire la convention réelle ou l'absence de toute convention, doit régler la situation. Il n'y a, dans l'admission de cette action, qu'une application pure et simple des règles fondamentales du droit, qui n'ont besoin d'aucune démonstration et qui veulent que tout individu lésé puisse faire la preuve d'un fait, que ce soit la simulation ou tout autre, s'il y trouve intérêt, et si cet intérêt est légitime.

Que ce soient donc les parties à la simulation, ou que ce soient les tiers qui agissent en justice, la règle et les principes restent les mêmes. Chacune de ces personnes agit en vertu d'un droit qui lui est propre et personnel.

La question présente surtout de l'intérêt au sujet des
créanciers. On s'est demandé en effet s'ils n'agissaient
pas en vertu des articles 1166 et 1167 du Code civil. C'est
là évidemment une question à laquelle il faut donner une
réponse négative.

Ils n'agissent pas tout d'abord en vertu de l'article 1166.
S'ils basaient leur droit sur ce texte, ils ne pourraient exercer
leur action que dans les mêmes conditions et à l'aide des
mêmes moyens que les parties à la simulation. Or, c'est ce
qui n'est pas. Comme nous l'avons déjà vu, l'action des tiers
est souvent plus large et plus étendue que celle de leurs auteurs. Il ne peut donc être question d'invoquer l'article 1166.

L'article 1167 s'applique-t-il alors à notre cas ? Il nous
semble impossible de l'admettre. En effet, il ressort suffisamment des termes de ce texte de loi qu'il n'a d'autre but que
de permettre aux créanciers d'attaquer certains actes sérieux
et réels, faits par leur débiteur, en fraude de leurs droits,
mais non pas des actes simulés et, par suite, fictifs et inexistants. Nous nous trouvons donc en dehors des termes et du
domaine de l'article 1167. La confusion a souvent été faite
en pratique, mais la chose est à regretter.

Cette distinction fondamentale entre l'action paulienne et
l'action en déclaration de simulation est admise du reste de
nos jours, tant par la doctrine que par la jurisprudence.

Mais hâtons-nous de faire remarquer que l'action en déclaration de simulation, dans le cas de simulation relative,
a pour résultat de faire apparaître la convention réelle qui
s'est formée entre les parties à la simulation; qu'à l'égard de
cette convention aussi bien les parties que les tiers se trouvent
dans les conditions ordinaires, et que les articles 1166 et
1167, ainsi que les règles générales et particulières de la loi
en chaque matière trouveront leur application.

Donnons un exemple pour bien faire saisir notre pensée. Supposons une donation déguisée sous forme de vente. Les simulants comme les tiers auront le droit en principe de prouver le caractère fictif et simulé de l'acte de vente; mais cette preuve ne sera néanmoins admise que si elle peut avoir une influence sur la convention réelle. Elle le sera, par exemple, en cas de survenance d'enfant au donateur, en cas de donation faite en fraude des droits des créanciers, ou bien encore en cas de donation à un incapable ou dépassant les limites de la quotité disponible. Il en résulte que pour savoir si l'action en déclaration de simulation doit être admise, il faut s'occuper non seulement des règles d'admissibilité de l'action en simulation, que nous allons donner à l'instant, mais encore de celles qui ont trait à l'admissibilité de l'action contre la convention réelle. Ce n'est que si l'action est admissible à ce double point de vue, que le demandeur sera admis à faire valoir ses prétentions. C'est cette combinaison nécessaire de règles diverses qui explique sans doute la confusion qui a parfois régné dans notre matière.

Donnons maintenant les règles de l'admissibilité de l'action en déclaration de simulation.

Nous avons dit que ceux qui attaquaient un acte comme simulé devaient y avoir intérêt et que cet intérêt devait être légitime. Il consistera pour le tiers acquéreur dans la défense de son titre d'acquisition, pour les créanciers dans la conservation du gage que leur accordent les articles 2092 et 2093 du Code civil, et enfin pour les parties à la simulation dans le rejet des conséquences et des effets que pourrait produire à leur égard l'acte simulé.

Ce principe donne à l'action en déclaration de simulation un caractère tout spécial qui la différencie profondément de l'action paulienne. Elle n'exige pas en effet comme cette dernière la preuve de l'insolvabilité du débiteur; elle est un simple acte conservatoire en vertu duquel les créanciers font constater que leur droit de gage s'étend toujours et n'a pas cessé de s'étendre à certains objets que l'acte simulé tend à y soustraire. Un créancier même à terme ou conditionnel peut l'intenter.

D'autre part, au sujet de l'admissibilité de l'action en déclaration de simulation contre telle ou telle personne désignée, ce ne sont pas les règles de l'action paulienne que l'on suit, mais bien celles de l'article 1321, que nous avons étudiées précédemment et sur lesquelles nous ne reviendrons pas.

Notons enfin qu'il n'y a pas à distinguer au sujet de l'admissibilité de cette action entre les créanciers dont les créances remontent à une époque antérieure à l'acte simulé et ceux dont les créances sont postérieures à ce même acte. Les uns comme les autres ont des droits de gage sur l'actif du débiteur et peuvent dès lors en maintenir l'intégrité.

En ce qui concerne maintenant les résultats de cette action, ils sont évidemment relatifs et ne produisent d'effets qu'à l'égard de la personne ou des personnes qui l'ont intentée. Pour tous autres, les choses restent dans leur état antérieur. Cela tient aux effets de la chose jugée, qui sont toujours relatifs et ne se produisent qu'à l'égard des personnes en cause.

Reste maintenant à savoir quel est le fondement sur lequel repose l'exception de simulation. Nous croyons qu'il consiste simplement dans la volonté toute-puissante de la loi, qui lui a donné naissance dans l'article 1321. Nous avons vu, au début de notre thèse, que les fictions légales seules pouvaient produire des effets légaux et qu'elles n'en produisaient que dans la mesure où la loi y avait consenti. Or, l'article

1321 nous semble une de ces fictions, en tant qu'il donne naissance à l'exception de simulation. Sans doute, l'initiative de cette fiction appartient aux particuliers, mais il n'en est pas moins vrai que la loi la fait sienne, et en accepte les conséquences dans des conditions qu'elle détermine. Le motif qui a guidé le législateur, c'est le désir d'écarter les dangers que pourraient produire les actes simulés à l'égard de certaines personnes, en les induisant en erreur; aussi la condition fondamentale de l'emploi possible de cette exception c'est le fait d'avoir pu être trompé et d'avoir par suite de cette erreur pu éprouver un préjudice quelconque.

Disons en terminant que l'action en simulation se prescrit par trente ans [1], et que l'exception de simulation dure aussi longtemps que dure l'intérêt de ceux qui ont à l'invoquer, c'est-à-dire qu'elle est perpétuelle. La jurisprudence admet néanmoins, au sujet des créanciers chirographaires, qu'ils ne peuvent plus se prévaloir de l'exception, lorsque la contre-lettre a reçu son exécution de la part des simulants [2]. Cette décision s'impose évidemment, ces créanciers étant en principe tenus de respecter les actes de leurs auteurs et l'exception n'étant plus d'aucune utilité pour eux, une fois que les rapports réciproques entre les simulants ont pris fin par suite de l'accomplissement de leurs engagements.

1. Cass. 9 nov. 1875; S. 77, I, 293.
2. Cass. 3 juillet 1882; S. 82, I, 459.

APPENDICE

Des contre-lettres en matière fiscale.

Nous n'avons pas la prétention de donner ici une étude complète sur les contre-lettres en matière fiscale. Pareille étude exigerait une compétence et des connaissances spéciales que nous n'avons pas. Nous nous contenterons de donner quelques règles générales et quelques aperçus au sujet de l'établissement des droits et des conditions de leur exigibilité, soit dans le cas de simulation absolue, soit dans le cas de simulation relative.

I) *Dans le cas de simulation absolue.* — Cette simulation, comme nous l'avons vu précédemment, consiste dans la transmission fictive de droits sur la tête d'une personne, transmission certainement nulle et inexistante. Il semble donc que logiquement dans ce cas aucun droit proportionnel ne doive être perçu et qu'un droit fixe soit seul exigible; ce dernier seul frappe un acte indépendamment de la convention qui s'y trouve relatée.

Ce n'est pourtant pas là ce qui se passe en pratique et ce que consacre la jurisprudence. Il est admis depuis fort longtemps que l'acte apparent et la contre-lettre donnent lieu l'un et l'autre à un droit proportionnel spécial.

Supposons la vente simulée d'un immeuble. L'acte apparent donnera lieu à un premier droit de mutation et la contre-lettre donnera lieu à un second droit de nature identique. Comment justifier cette double perception?

Celle faite au sujet de l'acte apparent peut certainement

se justifier. L'Administration de l'enregistrement n'a pas évidemment l'obligation de vérifier la véracité des actes qui lui sont présentés, surtout lorsque cette vérification devrait lui préjudicier; elle a au contraire le droit, que personne ne lui conteste, de profiter en pareille circonstance de la situation où se sont mises volontairement les parties et de leur opposer plus tard, lorsqu'elles viendront contester la légitimité de la perception, une fin de non-recevoir basée sur ce principe qu'un droit régulièrement perçu n'est jamais rendu. Au reste, une autre justification peut encore être donnée au sujet de cette première perception. Nous la ferons résulter de l'article 1321 du Code civil. Cet article, en effet, a pour résultat de permettre aux tiers intéressés de s'en tenir à l'acte ostensible dans la mesure où ils y ont intérêt. Or, personne ne viendra nier que l'Administration ne doive être considérée à cet égard comme un tiers, et qu'à ce titre elle ne puisse percevoir des droits sur la vente fictive, tout comme si elle était réelle.

En est-il de même au sujet du second droit de mutation, perçu sur la contre-lettre? Peut-on considérer cette dernière comme une rétrocession? Nous croyons devoir répondre d'une façon affirmative et cela pour deux motifs.

Tout d'abord, si l'on admet que l'Administration a le droit de maintenir comme réel et sérieux dans la mesure de son intérêt l'acte ostensible, il n'y a qu'un sens à donner à la contre-lettre et l'on ne peut y voir qu'une rétrocession. Si au point de vue de la Régie, l'acte ostensible a opéré une transmission de propriété, il faut évidemment qu'il y ait une seconde transmission pour que la propriété revienne se placer sur la tête de l'ancien propriétaire. Cela est profondément rigoureux, nous voulons bien l'avouer, mais non moins logique.

Un second argument peut se tirer de la combinaison des articles 4 et 12 de la loi de frimaire an VII, dont le premier indique les cas où le droit proportionnel est exigible et dont le second dit formellement que « la mutation d'un immeuble « en propriété ou en usufruit sera suffisamment établie pour « la demande du droit d'enregistrement et la poursuite du « paiement contre le nouveau possesseur, soit par l'inscrip- « tion de son nom au rôle de la contribution foncière et des « paiements par lui faits d'après ce rôle, soit par des baux « par lui passés, ou enfin par des transactions ou autres actes « constatant sa propriété ou son usufruit. »

Ce dernier article prouve notamment que pour que le droit soit exigible, il suffit que les apparences fassent présumer une translation de propriété, sans qu'on ait à se préoccuper si en réalité la translation a eu lieu.

Cet argument, du reste, se trouve formulé dans un jugement du tribunal de la Seine, dont l'un des considérants est conçu en ces termes : « Attendu que de la combinaison des arti- « cles 4 et 12 de la loi du 22 frimaire an VII, il résulte que « tout acte civil ou judiciaire qui a pour effet de dessaisir le « propriétaire même apparent du droit de propriété qui re- « posait sur sa tête pour en investir un tiers, qui est déclaré « ou reconnu comme étant le propriétaire réel, opère, au « regard de la Régie, une nouvelle mutation de propriété pas- « sible d'un nouveau droit.... » (Jug. du tribunal de la Seine du 2 mars 1877. Répertoire périodique, année 1877, nº 4727.) Voir sur la question : Garnier, R. périodique, année 1884, art. 6399 ; id., R. pér. 1877, art. 4682. — Auch 24 déc. 1883, R. pér. 1884, nº 6399. — Le Puy 12 août 1880, R. pér. 1881, nº 5688.

II. *Dans le cas de simulation relative.* — Nous diviserons cette étude en deux parties : dans la première nous parlerons des contrats déguisés sous la forme d'un autre contrat ; dans la deuxième des dissimulations de sommes ou valeurs.

1) *Des contrats déguisés sous la forme d'un autre contrat.* — Dans ce cas, l'Administration pourra évidemment percevoir les droits afférents à l'acte ostensible et cela en vertu de motifs identiques à ceux que nous avons donnés au sujet de la simulation absolue.

Mais pourra-t-elle aussi percevoir la différence qui peut exister entre les droits frappant l'acte apparent et ceux qui frappent l'acte secret ? L'affirmative ne présente aucune difficulté quand les parties elles-mêmes présentent la contre-lettre à l'enregistrement ; elle n'en présente pas plus lorsque, par suite d'une action intentée par un tiers, le vrai caractère de l'acte est rétabli. Mais en sera-t-il de même dans les autres cas et l'Administration pourra-t-elle agir principalement pour prouver la simulation ? Nous croyons qu'elle le peut, tout au moins quand les simulants ont eu pour but de frauder l'impôt ; elle a en effet qualité pour relever les vices dirigés contre elle. (Demante, *Principes d'enregistrement*, § 598.) C'est ce qu'admet du reste la jurisprudence[1]. Mais encore faut-il entendre ce principe d'une façon raisonnable, et ne pas exagérer les droits de la Régie ; le repos des particuliers et le maintien des actes en dépendent. Aussi admet-on que les contestations

---

1. Voir en ce sens : Cass. 16 février 1881, R. P. 1881, n° 5720. « Attendu, « dit la Cour de cassation, qu'il appartient à l'Administration de l'enregistre- « ment, lorsqu'un acte lui est présenté, de vérifier la nature du contrat pour « asseoir d'une manière conforme à la loi des droits dus par les parties et de « prouver par toutes les voies autorisées, la simulation qui aurait été em- « ployée pour éviter le paiement d'une partie les droits. » Voir dans le même sens : Seine 18 juillet 1879, R. P. 1880, n° 5476. — Verdun 3 août 1880, R. P. 1881, n° 5653. — Cass. 14 juin 1882, R. P. 1882, n° 5976. Mais la preuve de la simulation doit être faite par l'Administration, et les juges ont une appréciation souveraine en cette matière. (Ribérac 2 août 1882, R. G., n° 11591.)

sur la réalité des reprises à exercer, les réductions des donations, les rapports, la fixation des réserves et de la quotité
disponible, ne peuvent pas appartenir à l'Administration. Ce
ne sont que les héritiers et les personnes auxquelles la loi a
accordé ce droit, tels que les créanciers, qui le possèdent.
(Championnière et Rigaud, Supplément à leur Traité, § 472,
p. 265, et Traité, § 655.)

2) *Dissimulations de sommes ou valeurs.* — C'est de cette
sorte de contre-lettres que le législateur s'est surtout préoc-
cupé et le plus souvent pour édicter contre elles des mesures
répressives sévères.

Historique. — Dans l'ancien droit néanmoins, pareilles
contre-lettres n'étaient frappées d'aucune peine et d'aucune
amende. L'article 32 du tarif du 19 septembre 1722 s'exprimait en ces termes : « Pour les contre-lettres d'un con-
« trat d'acquisition, constitution, obligation ou autre acte,
« le droit de contrôle sera payé comme pour le contrat
« ou acte pour raison duquel elles seront faites sur le pied
« réglé par le tarif. » La seule garantie que possédaient les
fermiers généraux consistait dans le droit d'exercer le retrait,
c'est-à-dire de se substituer à l'acquéreur, en lui rembour-
sant le prix qu'il avait payé et les frais du contrat.

C'est à partir de la loi du 19 décembre 1790 que le législateur est entré dans la voie de la répression, et depuis il ne
l'a pas quittée. Cette loi décide que toutes les contre-lettres
passées soit sur des baux, soit sur d'autres actes et contrats,
seront assujetties au triple des droits fixés par le tarif sur
toutes les sommes et valeurs que la contre-lettre ajoute aux
conventions antérieurement arrêtées par des actes en forme
authentique.

Plus tard, l'article 32 de la loi du 9 vendémiaire an VI,

statuant dans les mêmes hypothèses, n'exigea plus que le droit simple, mais l'exigea à titre d'amende.

Vint ensuite la loi du 22 frimaire an VII, dont l'article 40 est conçu en ces termes : « Toute contre-lettre faite sous « signature privée, qui aurait pour objet une augmentation « du prix stipulé dans un acte public, ou dans un acte sous « signature privée précédemment enregistré, est déclarée « nulle et de nul effet. — Néanmoins, lorsque l'existence en « sera constatée, il y aura lieu d'exiger à titre d'amende, une « somme triple du droit qui aurait eu lieu, sur les sommes « et valeur ainsi stipulées. » Cette disposition vraiment draconienne fut abolie virtuellement en ce qui concerne son premier alinéa par l'article 1321 du Code civil. Mais elle subsiste encore dans une certaine mesure au point de vue de son second alinéa, malgré une loi récente des 23-25 août 1871, qui par ses articles 12 et 13 l'a abrogée en grande partie.

Ces différentes lois, que nous venons d'énumérer, ont toutes pour but de punir les fraudes ourdies contre le Trésor à l'aide de ce que nous avons appelé, dans le cours de notre thèse, des simulations relatives partielles, et qui consistent à cacher en partie les obligations résultant d'un acte juridique et, par conséquent, le montant des sommes ou valeurs servant de base à l'évaluation des droits. Mais, parmi elles, les lois de frimaire an VII et des 23-25 août 1871 sont seules encore en vigueur. Nous ne nous occuperons donc que de ces dernières, en essayant de déterminer leur domaine respectif et les dispositions qu'elles édictent au point de vue des droits à percevoir.

Il est certain, tout d'abord, que ces deux lois sont incompatibles et que les cas régis par l'une ne peuvent l'être par l'autre. Quoique, en effet, la loi de 1871 n'ait pas formellement abrogé celle de l'an VII pour les cas qu'elle vise, il n'en est pas moins vrai que cette abrogation existe, vu que cette dernière résulte tant du but poursuivi par le législateur que de l'ensemble des dispositions qu'il a édictées. En ce qui concerne le but poursuivi par le législateur de 1871, les documents législatifs confirment amplement notre dire. En ce qui concerne, maintenant, les dispositions de la loi elle-même, il est évidemment impossible d'appliquer concurremment l'amende de la loi de 1871 et le triple droit de la loi de l'an VII. Deux peines édictées pour un même fait par deux lois successives ne se cumulent pas, à moins d'un texte formel, pas plus en matière fiscale qu'en matière criminelle (Garnier, *R. de J.*, v° *Contre-lettre*, § 5440 *in fine*). [Instruction générale du 25 août 1871, n° 2413, § 5.]

Domaine respectif de la loi de frimaire an VII et de la loi de 1871. — Voyons, maintenant, quel est le domaine spécial de chacune de ces lois. Pour se faire une idée nette à ce sujet, il faut tenir compte de ce fait que la loi de 1871 ne vise que des cas spéciaux de contre-lettres, tandis que la loi de l'an VII statue en employant une formule beaucoup plus générale et, dès lors, plus compréhensive.

« Art. 12 : Toute dissimulation dans le prix d'une vente « et dans la soulte d'un échange ou d'un partage sera punie « d'une amende égale au quart de la somme dissimulée et « payée solidairement par les parties, sauf à la répartir entre « elles par égales parts. »

Il suffit de lire ce texte et celui de l'article 40 de la loi de l'an VII pour se rendre compte de la différence qui existe entre eux. Le premier ne vise que les cas de vente, d'échange et de partage de biens immeubles, tandis que le second vise d'une façon générale toutes les dissimulations de sommes ou valeurs intervenues dans un acte quelconque. La loi de 1871 a donc un domaine limité, tandis que la loi de l'an VII en a un plus étendu et, dès lors, s'applique dans les cas que la première ne prévoit point ; c'est ce qui arrive, notamment, en cas de vente de meubles, de bail écrit, etc.

Conditions d'application de ces deux textes de loi. — Ces conditions sont tantôt communes, tantôt spéciales, soit à l'article 40 de la loi du 22 frimaire an VII, soit à l'article 12 de la loi des 23-25 août 1871.

1° Il faut que la contre-lettre contienne l'obligation de payer un prix supérieur à celui fixé dans le contrat ostensible. — Cette condition leur est commune, et cela se conçoit aisément. Ni l'un ni l'autre de ces textes de loi ne frappe les contre-lettres qui indiquent un prix inférieur pour cette raison que pareille dissimulation ne constitue pas une fraude au préjudice du Trésor et n'est donc passible d'aucune peine. Il n'y a pas dissimulation véritable dans le sens où l'on entend ce mot en matière fiscale et où l'entendaient certainement les législateurs de l'an VII et de 1871.

Mais ici se présente une difficulté qui doit, du reste, être résolue de la même façon au point de vue des deux textes qui nous occupent. Supposons que l'acte apparent et la contre-lettre soient présentés en même temps à l'enregistrement. Comment faudra-t-il percevoir dans ce cas ? Tout le monde est d'accord pour admettre que le droit devra être perçu sur le prix supérieur indiqué dans l'acte apparent et non sur le prix inférieur indiqué dans la contre-lettre, et cela en vertu de l'article 1321. L'Administration étant un tiers, a le droit de percevoir sur le prix ostensible. Mais un doute peut s'élever au sujet du droit auquel donnera lieu la contre-lettre. Ne sera-t-elle soumise qu'à un droit fixe ou bien à un droit de libération pour la différence entre les deux sommes ? M. Garnier se rallie à la première solution, en disant qu'aucun droit de libération ne peut être perçu puisque la somme n'a jamais été due, pas plus qu'on ne pourrait réclamer un droit de réduction, puisque la réduction n'a jamais été opérée. M. Naquet est, en principe, du même avis, mais il ajoute que dans le cas où il y aurait réellement libération, ce qui peut arriver, le droit de libération devrait être perçu. (Naquet : *Th. et Pr. des droits d'enregistrement,* § 1244, p. 328, note 1 ; Garnier, *R. de J.,* v° *Contre-lettre*). C'est à l'avis de ce dernier que nous croyons devoir nous rallier.

2° Pour que l'article 40 soit applicable, il faut que la contre-lettre consiste en un acte sous seing privé. — Il en résulte que si la contre-lettre est verbale ou consignée dans un acte authentique elle ne tombe pas sous le coup de ses dispositions (Naquet, § 1244, page 327 *in fine*). Cette condition n'est nullement exigée pour l'application de l'article 12 de la loi de 1871.

3° L'article 40 ne s'applique plus lorsque la contre-lettre est présentée à l'enregistrement en même temps que l'acte auquel elle se rapporte. — Il n'en est pas ainsi pour la loi de 1871. Le texte absolu de cette dernière n'autorise plus cette interprétation toute favorable ; aussi, dès que la simulation a été commise et que l'acte en renferme la preuve, l'amende du quart devient exigible, encore que la contre-lettre soit présentée à la formalité de l'enregistrement avec la vente, l'échange ou le partage (Garnier, *R. de J.,* v° *Contre-lettre,* n° 5460).

Sanction de ces deux dispositions légales. — La sanction de l'article 40 de la loi de frimaire an VII est une amende égale au triple du droit ; celle de l'article 12 de la loi des 23-25 août 1871 consiste : 1° dans un droit simple sur l'excédant du prix ; 2° un droit en sus sur cet excédant, si la mutation remonte à plus de trois mois ; 3° une amende du quart de la somme dissimulée.

En ce qui concerne finalement les moyens mis à la disposition de l'Administration pour découvrir ces fraudes, nous ne dirons qu'un mot : c'est que de nos jours encore, lorsque la loi de frimaire s'applique, ce ne sont que les moyens de preuve compatibles avec elle qui peuvent être employés, et non les nouveaux qui ont été établis par la loi de 1871. Quant à ces derniers, l'article 13 de la loi de 1871 est suffisamment explicite pour qu'il soit inutile de s'y arrêter longuement.

TABLE

POSITIONS

Droit romain.

A quel moment exact de l'instance se place la *litis contestatio?*

Dans le droit classique, la condition résolutoire n'a pas pour effet de résoudre, ni d'éteindre le droit de propriété.

Même après Justinien, la différence entre le legs et le fidéicommis de liberté subsista.

Le fidéicommis dans lequel le choix du fidéicommissaire est abandonné entièrement à l'héritier est nul.

Droit civil français.

Une donation faite par personne interposée ou sous la forme d'un contrat à titre onéreux, sans l'accomplissement des formalités des articles 934 et 935, est-elle nulle d'une nullité absolue ou relative?

Il est permis au père ou à la mère de l'enfant naturel de l'adopter même après l'avoir reconnu.

Le nantissement peut avoir lieu sous forme de vente, sauf l'accomplissement des conditions exigées par les articles 2073 et suivants du Code civil, et notamment le transfert de la possession.

Les donations déguisées sous la forme d'un contrat à titre onéreux sont nulles quand ce dernier, loin de déguiser la libéralité, la met au contraire en relief.

Droit criminel.

Le faux en écriture est une altération de la vérité faite dans une écriture avec intention et possibilité de nuire à autrui.

L'usage d'un passeport ou d'un permis de chasse consiste dans l'exhibition qui en est faite quand elle est requise; la seule possession ne suffit pas.

Droit administratif.

L'Administration a un pouvoir discrétionnaire pour déterminer la destination publique d'un cours d'eau, d'un terrain, d'un édifice et le placer virtuellement dans le domaine public.

L'autorité judiciaire peut-elle, lorsqu'elle est saisie par un particulier, qui prétend que l'autorité administrative a compris à tort sa propriété dans le domaine public, reconnaître ce droit et régler l'indemnité de dépossession?

Vu :

Le Président de la Thèse,

R. Blondel.

Nancy, le 30 mai 1885.

Vu par le Doyen.

Nancy, le 30 mai 1885.

E. Lederlin.

Vu et permis d'imprimer.

Le Recteur,

M. E. Mourin

Nancy, imp. Berger-Levrault et Cⁱᵉ.

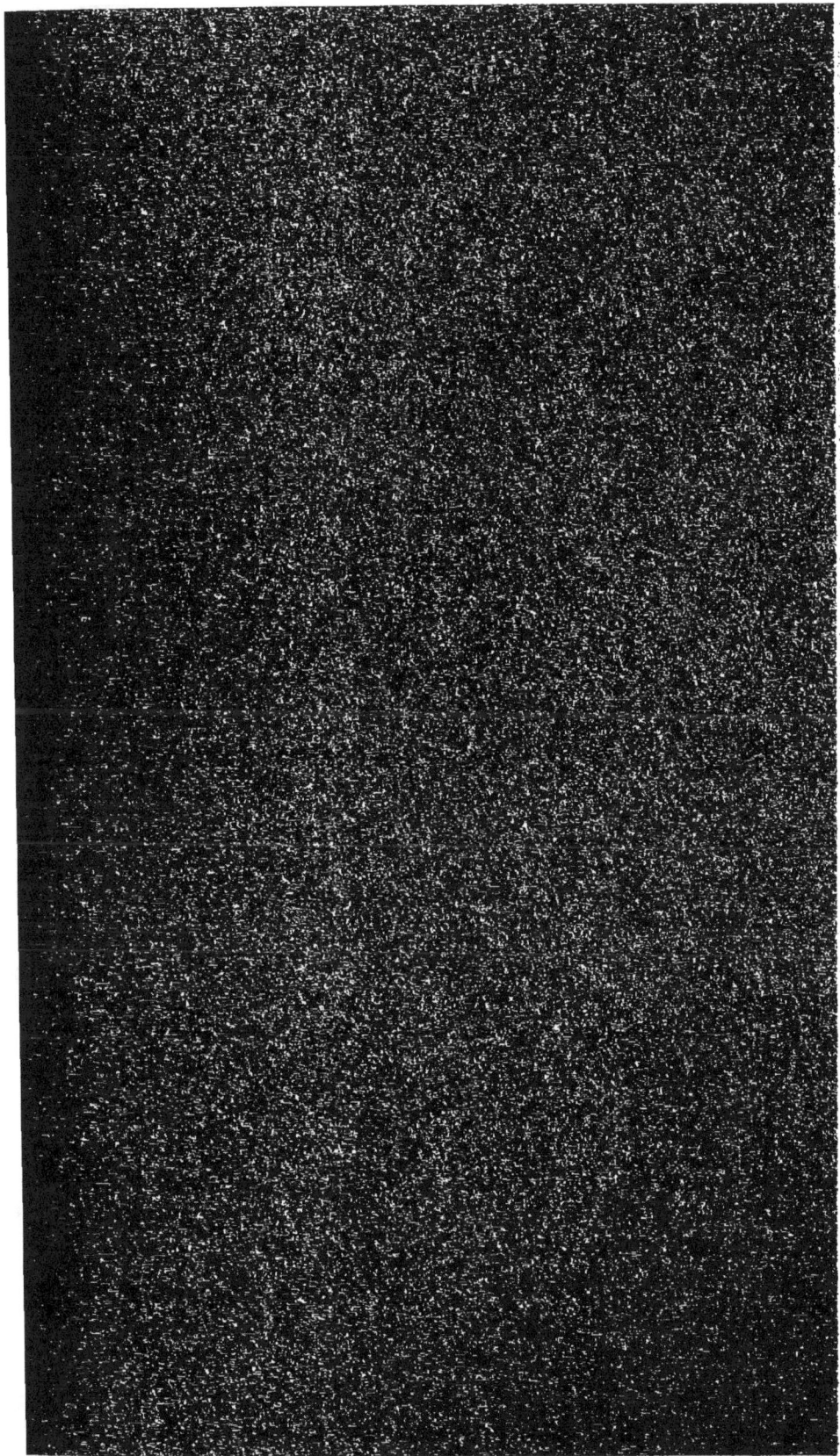

NANCY. — IMPRIMERIE BERGER-LEVRAULT ET Cie

www.ingramcontent.com/pod-product-compliance
Lightning Source LLC
Chambersburg PA
CBHW030941210326
41519CB00045B/3722